EXETER HISPANIC TEXTS

Founded by Keith Whinnom and J.M. Alberich
General Editor: W.F. Hunter

LIII

EL RITMO

Salvador Rueda

EL RITMO

Edición de
Marta Palenque
Universidad de Sevilla

UNIVERSITY
of
EXETER
PRESS

First published in 1993
by University of Exeter Press
Reed Hall, Streatham Drive
Exeter, Devon EX4 4QR
UK

© Marta Palenque
Herederos de S. Rueda
1993

ISSN 0305-8700
ISBN 0 85989 401 0

British Library Cataloguing in Publication Data
A catalogue record for this book
is available from the British Library

Printed and bound in Great Britain by
Short Run Press Ltd, Exeter

INTRODUCCIÓN

En 1894, bajo el título de *El ritmo. Crítica contemporánea,* se edita en Madrid, por la Tipografía de los hijos de M.G. Hernández (volumen IV de la "Biblioteca Rueda"), un conjunto de diez epístolas firmadas por Salvador Rueda y dirigidas al reputado crítico literario catalán José Yxart. Una carta de éste a Rueda, fechada en Barcelona, el 16 de junio de 1893, abre el volumen a manera de introducción. En ella Yxart expone su proyecto de reunir las opiniones de los poetas que por aquel entonces le parecían renovadores en torno a cuestiones métricas y rítmicas, y le solicita a Rueda ("en la práctica tan original y tan influido también por el espíritu de novedad en este punto", *El ritmo,* 3-4; de ahora en adelante *R.*) las suyas. La respuesta de Rueda no se hizo esperar: el 15 de julio de 1893 *La Ilustración Ibérica* publicó, en su número 550, 442-443, la carta de Yxart seguida del primer texto de una serie que habría de componer el malagueño. Su título: "Sobre el ritmo, I y II". En números sucesivos de la citada publicación, y durante el mismo año, se incluyeron tres cartas más de Rueda: "El ritmo, III" (núm. 552, 29 julio, 470-471); "Sobre el ritmo, IV" (núm. 557, 2 septiembre, 550-551) y "Sobre el ritmo, V. *Endecasilabistas* y *versificadores*" (núm. 560, 23 septiembre, 598-99).[1] Las restantes epístolas se insertarían, por primera vez, en el tomo antes indicado de 1894; ya en febrero de este año *Blanco y Negro* registra su recepción.[2] Completando el volumen, y debido probablemente al escaso número de páginas sumado por las diez cartas (sesenta y ocho en total), figuran varios artículos redactados por Rueda para diferentes ocasiones y ajenos al plan general de *El ritmo* (no figuran en la presente edición). Son los que siguen: "*Nieve. Poesías de Julián del Casal*" (25 junio 1892); "*Efímeras. Libro de poesías de D. Francisco A. de Icaza*" (sin fecha); "A las tres de la mañana" (1891) [carta a José Zorrilla]; "Observaciones de la vida artística" (sin fecha); "Impresión de una lectura. *Grandes problemas,* libro del Dr. D. Ángel Pulido" (sin fecha); "Prólogo. Del libro *Dijes y bronces* de Máximo Soto Hall" (agosto 1893); "*Triquitraques.* De D. Emilio Bobadilla, *Fray Candil*" (sin fecha); "Prólogo. Del libro de Pedro de Lara, próximo a publicarse, titulado *Cantos de un poeta*" (sin fecha); "Notas dispersas. Obra en prosa y verso de D. Carlos Navarro Rodrigo" (sin fecha); "Prefacio. Del libro *Sensaciones de arte*" [de Enrique Gómez Carrillo] (sin fecha); "*Al aire libre*. Libro inédito de D. Enrique Redel" (sin fecha); y "La *gusapería* literaria. Cuadro de *malas* costumbres o sainete final" (sin fecha). En total, un libro de ciento cincuenta páginas.

En los manuales Salvador Rueda es, sobre todo, el polémico autor enfrentado a Darío por la prelación, que ambos se arrogaban, de sus novedades métricas a finales del siglo XIX; los dos se sintieron padres de una nueva generación poética. Conocido sólo por contados especialistas, y citado muy de pasada, *El ritmo* es el documento teórico más importante para conocer el pensamiento de Rueda y, por lo tanto, para argumentar en pro o en contra de esta discutida prioridad, hoy ya prácticamente solventada a favor de Darío (lo que no exige negar lo peculiar del primero en un contexto definido). *El ritmo* es, además, un buen retrato del estado de la poesía española en el último tercio del siglo XIX; sólo por este motivo se justifica el interés de su lectura. No se espere una disertación científica ni erudita, pues se trata de un discurso en un tono coloquial y apasionado, desordenado a ratos, y con una evidente finalidad didáctica (al servicio de esta didaxis están las comparaciones y metáforas utilizadas). La introducción ofrecida a continuación pretende situar el texto en unas coordenadas que permitan entenderlo con respecto tanto al conjunto de la obra de Rueda como al periodo en que se produce, con el fin de matizar sus novedades o deudas.

1. *EL RITMO* EN EL CONTEXTO DE LA RENOVACIÓN POÉTICA DE SALVADOR RUEDA

El ritmo puede definirse como un curioso y personal tratado de teoría poética, compendio de las ideas sobre metro y ritmo (y, en general, sobre la creación poética) ya manifestadas parcialmente por Rueda en breves ensayos anteriores (sobre todo,"Gatos y liebres", *La Ilustración Ibérica*, núm. 438, 11 julio 1891, 6, y "Color y música", apéndice de *En tropel* [3]), ideas que se advierten en su poesía a partir de la edición, en 1888, de *Sinfonía del año*, la obra que marca la consolidación de una senda poética personal en su evolución creadora. En *El ritmo*, Rueda refiere que el plan general de este ensayo corresponde al de un "larguísimo trabajo [. . .] sobre el ritmo en poesía" que escribiera en 1891 (*R.*, 5). El dato no puede ser constatado, aunque en el mismo año se publica el mencionado "Gatos y liebres", que mantiene puntos de contacto con él, pues ya plantea la crítica a la poesía anquilosada y mimética del momento. En consecuencia, no sería erróneo afirmar que Rueda abre con *El ritmo* una línea de renovación apuntada años atrás. Veámoslo de forma somera.

Hasta esta fecha, el joven malagueño Salvador Rueda (nacido en 1857) había sacado a la luz textos titubeantes: *Renglones cortos* (1880) y *Noventa estrofas* (1883), muestras, por un lado, de su deuda con el romanticismo y con la tendencia poética representada por Gaspar Núñez de Arce (a quien dedicó el poema

"Arcanos", incluido en *Noventa estrofas)*, y exponentes, por otro, de su proyecto renovador, del que ya ofrecen testimonios.[4] La dedicatoria a Núñez de Arce le reportó el agradecimiento y la protección del influyente poeta y político: éste le facilitó su marcha a Madrid en 1882 proporcionándole un empleo en *La Gaceta*. Se convirtió, además, en su consejero en materias literarias. En la capital, el poeta pasaría a formar parte del mundillo literario que, con suma admiración, había seguido desde su Málaga natal.

A esta época de la producción de Salvador Rueda pertenecen también sus poemas y narraciones de ambiente andaluz, de fuerte color costumbrista: en verso, *Cuadros de Andalucía* (1883), más tarde insertado en *Poema nacional*. *Costumbres populares* (1885); en prosa, *El patio andaluz. Cuadros de costumbres* (1886) y *El cielo alegre. Escenas y tipos andaluces* (1887). En esta línea insistiría más tarde con otros varios textos.

Como bien afirman algunos estudiosos de la personalidad literaria de Rueda (José M.ª de Cossío, Narciso Alonso Cortés o, más recientemente, Cristóbal Cuevas), en *Sinfonía del año* se encuentran ensayos revolucionarios que le apartan de la torpe imitación de los plagiarios de Bécquer, Campoamor y Núñez de Arce. Tales novedades, añaden, le acarrearían numerosas críticas que le movieron (siempre vacilante Rueda) a abandonar, en parte, el camino emprendido.[5] Exponente de este retroceso, indica Cuevas, es *Estrellas errantes*, de 1889. El caso se volvería a repetir con *Cantos de la vendimia* (1891), cuyos aciertos musicales fueron alabados por *Clarín* ("hay en ella [la obra], si no composiciones enteras, versos, estrofas, *frases musicales* que me suenan a verdadera poesía y que tienen sello de novedad"), si bien al tiempo matizaba que en el libro sobraba, a su entender, "más de la mitad".[6] Así lo cuenta el mismo Rueda en el prólogo a *Cantando por ambos mundos* (1914):

> Van aquí incluidas, de un modo íntegro, Sinfonía del año y Cantos de la vendimia, que en la época en que me tocó la misión dictada por la Naturaleza, [sic] de emprender la revolución de la poesía castellana, produjeron inaudita sorpresa e insólito asombro en el público, el cual, atemorizado de mi audacia (se llamaba audacia a interpretar a la Naturaleza) pedía mi cabeza a grandes gritos creyéndome loco de atar y digno de la camisa de fuerza.

La novedad de estos libros —sigue Rueda—, lo que, en definitiva, ni público ni crítica había podido entender, era la pureza y la naturalidad que los regía: "yo venía directo e impoluto de los troqueles e incubaciones hondas de la naturaleza".[7] Estos serán los argumentos repetidos por Rueda a lo largo de su vida para defender la personalidad de su poesía, tanto contra aquellos que no entendieron sus innovaciones, como contra los que las negaron. Esta negación se debe, en gran medida, a la vuelta atrás en las innovaciones emprendidas debida a su deseo de no dejarse contaminar por las influencias francesas, por lo que fue, inevitablemente, superado. Los juicios de *Clarín* son, en gran parte, responsables: casi reverenciado por Rueda, si por un lado defiende la necesidad de una revolución métrica y le anima a realizarla, por otro frena con sus comentarios cualquier novedad que tenga resabios franceses. Comentarios muy similares éstos, por cierto, a los que el malagueño esgrimirá años después en defensa de la *naturalidad* de sus versos contra el *extranjerismo* modernista.[8]

Coincidía la publicación de *Sinfonía del año* con la de un libro decisivo en la revolución literaria finisecular: *Azul...* de Rubén Darío, cuya primera edición aparece en Valparaíso en 1888. El que Juan Valera se hiciese eco de su salida y lo reseñase de forma positiva era índice del cambio iniciado en el panorama literario español.[9] Para mayor coincidencia, tanto Darío como Rueda estructuraban sus obras en torno al tema de las estaciones del año (fragmentariamente en el caso de Rubén; me refiero al apartado "El año lírico").

Si la década de 1890 es rica en ejemplos y manifestaciones de carácter novedoso y claramente *moderno*, la de 1880 es decisiva en el proceso de rechazo de las viejas formas de la literatura realista y en la propuesta, aunque muchas veces tímida, de otras vías expresivas. Son ambas décadas de entrecruce y pugna entre *gente vieja* y *gente nueva*, entre *modernos* y *antimodernos*; en cualquier caso, índices de un cansancio y de la necesidad de un cambio. *El ritmo* es producto del espíritu de lucha y de los anhelos de renovación que se producen en estos años. Se constituye, de hecho, como un relevante ejemplo por la actitud novedosa que supone en aquel contexto literario. En el mismo sentido se pronunciaba el propio Rubén Darío, aunque, debe advertirse, sus palabras se convierten en una dura crítica para Rueda, al que acusa de desviarse del que cree buen camino:

> Salvador Rueda, que inició su vida tan bellamente, padece hoy inexplicable decaimiento. No es que no trabaje [. . .]; pero los ardores de libertad ecléctica que antes proclamaba un libro tan interesante como *El ritmo*, parecen ahora apagados [. . .]. Los últimos poemas de Rueda no han correspondido a las esperanzas de los que veían en él un elemento de renovación en la seca poesía castellana contemporánea. Volvió a la manera que antes abominara; quiso tal vez ser más accesible al público, y por ello se despeñó en un lamentable campoamorismo de forma y en un indigente alegorismo de fondo. Yo, que soy su amigo y que le he criado poeta, tengo el derecho de hacer esta exposición de mi pensar.[10]

La cita ha sido muy utilizada, pues con este comentario se abría una larga polémica entre los antes camaradas Darío y Rueda; polémica importante en la historia de los modernismos español y americano en la medida en que el tema discutido planteaba la primacía de uno u otro en su misma génesis. No es mi propósito entrar en ella, pero es, sin embargo, difícil dejarla de lado, puesto que *El ritmo* se redacta cuando los dos poetas son aún amigos y, además, Rueda se reconoce en dicho texto derechos sobre uno de los aspectos sobresalientes de la revolución poética modernista: el ritmo del verso.

Ya a comienzos de la década de los noventa, el malagueño había ofrecido algunas de las obras por las que ha podido ser considerado, con otros autores, pionero en la revolución lírica finisecular. La serie se inicia con *Cantos de la vendimia* (1891) y continúa, al año siguiente, con su libro más conocido: *En tropel*, encabezado por el todavía más famoso "Pórtico" escrito por Rubén Darío, como muestra de afecto y comunión, al Rueda que conoció en su primer viaje a España (realizado también en 1892). Entonces ambos se admitían como compañeros de revolución, hermanados por un mismo deseo de renovación literaria.[11] Su posición en el palmarés literario era, sin embargo, muy distinta en la fecha de este viaje: mientras la popularidad de Rueda es considerable entre los poetas más jóvenes, el nicaragüense comienza a ser conocido en España por su libro *Azul. . .* (gracias, sobre todo, a la reseña de Valera) y, durante su estancia, logra sorprender con la publicación de poemas como "Elogio de la seguidilla" (*El Liberal*) y "Friso" (*La Ilustración Española y Americana*). El mismo Rueda se sumó a la admiración creciente hacia la aún corta obra de Darío, lo que se observa en las mismas páginas de *En tropel* (léase la "Nota" que figura tras el "Pórtico") y en los juicios acerca de su obra y pensamiento vertidos en *El ritmo*. En el plano de la creación, se evidencia la influencia rubendariana en textos compuestos por Rueda años después: *Sinfonía callejera* (1893), *La bacanal* (1893), con los que demuestra estar inmerso en la moda de la erudición mitológica en boga como imitación del parnasianismo. La misma impronta está presente en sus obras posteriores: *Fornos* (1896), *El bloque* (1896), *Camafeos* (1897) y *El César* (1898), aunque, matiza Cuevas, con el que coincido, éstas sean ya obras que siguen de cerca la tradición española y resultan más moderadas y, cito, "llena[s] de circunspección frente a modelos foráneos de vanguardia".[12]

Si en su "Pórtico" Darío calificaba al malagueño de "capitán en la lírica guerra", tras su segundo viaje a España, ya en 1899, no parecía querer reconocer más autoridad en esta batalla que la suya propia. Ahora, la situación es contraria: los poetas de ansias revovadoras, entre ellos Villaespesa, Juan Ramón Jiménez y Martínez Sierra, le reciben como maestro y defienden el valor de su renovación del lenguaje poético, mientras Rueda y sus hallazgos en el mismo terreno quedan relegados. Rueda no encajó nunca bien tal cambio y el comentario de Darío en *La Nación* acentuó el distanciamiento. Más tarde, hubo intentos de reconciliación, pero el resquemor permanecería siempre entre ambos. Así, a medida que pasan los años, para Rueda Darío no será más que un advenedizo, poeta sólo por gracia del *Diccionario de la rima* y de sus imitaciones francesas.[13]

Como reacción, Rueda intentó acentuar el valor de su obra frente a la de Darío, para lo que subrayó siempre la superioridad y primacía de sus renovaciones. Pero su paulatina tendencia a permanecer estancado, defendiendo el valor autóctono de su poesía, le fue alejando de la senda acertada; la que siguieron los que prefirieron seguir al americano.

Según dije, la polémica personal entre Darío y Rueda alcanza mayor trascendencia en el contexto de la historia del modernismo. Ya desde principios de siglo, y hasta el presente, cobró importancia la definición del modernismo que sitúa su origen a partir de tal enfrentamiento, pues para algunos tiene raíz americana y sólo existe en España tras la segunda venida de Darío, en 1899. Sin extenderme en ello (la bibliografía es suficiente), basta decir que no comparto este concepto personalista, perjudicial para la correcta comprensión del modernismo. Por el contrario, participo de la idea que afirma la existencia de una evolución renovadora paralela en España y América. En el caso español, es palpable en autores tales como Manuel Reina, Ricardo Gil y Salvador Rueda, siempre destacados por lo temprano de sus novedades, además de otros: Manuel Paso, Ricardo Catarineu (activo traductor de los modernos poetas franceses), etcétera; en conjunto, precursores en el uso de metros y formas de expresión consagrados más tarde. Este cambio se opera durante las décadas de los ochenta y los noventa (se adelanta Manuel Reina, cuya obra *Andantes y alegros* es de 1877), y es parcialmente fruto de la evolución de la poesía romántica y realista, a la que se suma la influencia francesa. A los nombres citados, cabe añadir los de representantes del foco literario catalán tan destacados como Santiago Rusiñol y Pompeu Gener, entre otros. No resultan justas, pues, las apreciaciones de *Clarín* en su *Apolo en Pafos*, cuando declaraba la absoluta ausencia de voces nuevas en la lírica española al filo del siglo.[14] Por aportar más ejemplos, la traducción de los poetas franceses (Heredia, Mendès, Coppée, Sully-Prudhomme. . .) es una constante, como signo de esta inquietud, en las revistas literarias y misceláneas españolas de mayor fama. Por otro lado, insertan también composiciones de los modernos líricos americanos, dando prueba de este paralelo proceso de renovación.[15]

El conjunto de autores mencionado contribuye a preparar el camino para la asimilación definitiva del modernismo en España. En cita de Richard Cardwell: "this quiet revolution [. . .] prepared the way for the greater and more vociferous challenge to establishment rhetoric of Spanish *modernismo* itself in 1899-1900 and, especially, of its second and triumphant phase in 1902-1904." Su actitud pionera no merece que les neguemos el calificativo de *modernistas;* lo correcto sería referirse a diferentes tipos de modernismos.[16]

Hacia 1900 la pluma de Rueda no estaba tan seca como podría derivarse de la cita de Darío; por el contrario, continúa componiendo un elevado número de textos, en los que, no obstante, repite una misma fórmula, no dispuesto a dejarse contaminar por influencias foráneas que pudiesen haber favorecido su progresión: *El país del sol* y *Piedras preciosas*, en 1900; *Fuente de salud*, en 1906; *Trompetas de órgano*, en 1907; *Lenguas de fuego* y *La procesión de la Naturaleza*, en 1908; etcétera. El reconocimiento hacia su obra no había desaparecido (pese a que los más jóvenes hubiesen preferido otros modelos diferentes al suyo); incluso llegaría a ser coronado como poeta en fecha ya avanzada: una vez en Albacete (1908) y otra en Cuba (1910), adonde había acudido, en una gira por Hispanoamérica, en viaje de hermandad y en defensa del *españolismo*. Precisamente actos como estos relacionan a Rueda con el mundo de la poesía realista, y así lo vieron también las nuevas generaciones, que prefirieron el nuevo sentido dado al oficio poético por Darío y otros americanos.

La redacción de *El ritmo* se produce en un décade de celebridad para Rueda si se considera el reconocimiento de la calidad y la novedad de su obra, al mismo tiempo que su activa participación, como redactor o director, en diversas revistas en las que su firma se reitera con frecuencia. Aunque no todos los críticos de entonces y ahora estén de acuerdo en ello, lo cierto es que se trata de un poeta consciente de su obra y preocupado por su significado en el contexto literario de su época.

En varios lugares el malagueño aportará datos acerca del interés despertado por *El ritmo*, que justifica por la novedad de sus planteamientos, y subraya, sobre todo, su alcance en tierras americanas. A ello se refería la nota anónima que, en 1895, aparecía en las páginas de *La Gran Vía*. No carece de fundamento la sospecha de que fuese redactada por el mismo Rueda, a la sazón director del periódico (aunque en ella se indique su inserción "a espaldas de nuestro director"). Estas fueron sus primeras líneas: "En toda la América latina sigue preocupando a los críticos de nota este ruidosísimo libro, sobre el cual se han escrito cientos de artículos, y cuya doctrina sigue en Ultramar gran parte de la juventud literaria". El propósito último de Rueda es proclamar su magisterio, precisamente entre los americanos, donde le consta una inquietud renovadora que pretende guiar. La reseña continúa con la reproducción parcial de un artículo, firmado por Federico Escobar, aparecido en el periódico *El Español,* dada la interpretación "justa y verdadera", apunta el redactor, ofrecida acerca de *El ritmo*. Los argumentos utilizados en esta nota coinciden con los del mismo Rueda: la necesidad, primero, de crear una literatura original en América inspirada en la Naturaleza y, segundo, de no permitir que el "gongorismo" y la influencia francesa perviertan el gusto literario. Según se lee en la nota, por este ensayo Rueda puede ser considerado el redentor en medio de tantos peligros. Sigue:

> En medio de tanta confusión, se escucha una voz estentórea, que viene desde las apartadas regiones de Ultramar: es la de Salvador Rueda, que clama por la reforma poética, esa reforma que sepulte las esclavizadoras leyes de la caduca métrica y liberte al poeta, para que pueda descubrir nuevos astros en las regiones siderales del ritmo. Rueda lo que desea son nuevas formas, moldes nuevos en donde se pueda vaciar el pensamiento poético. Amigo del clasicismo en todas sus manifestaciones, su frase no es incomprensible, enigmática, oscura; siente horror y repugnancia por los *galiparlistas*. Rueda es un artista revolucionario; pero revolucionario de la forma.
> Sin embargo, hay quienes afirman que él es *decadente*. El poeta andaluz es solamente jefe de la escuela *reformista*; y en sus cantos se manifiestan de relieve la claridad del lenguaje y la eufonía del ritmo.[17]

En definitiva, el sector más "españolista" de los intelectuales americanos reclama para Rueda el liderazgo de los cambios literarios que se producen en América, cuando no parece entenderse como peligrosa la competencia de Darío, de quien se incluyen algunos cuentos en *La Ilustración Ibérica* durante su dirección, lo que prueba sus buenas relaciones por entonces. Interesa detenerse en estos detalles porque van a permitir situar *El ritmo* con respecto a la relación Rueda-Darío.

Como se advierte en la primera carta enviada a Yxart, todavía en 1894 Rubén es para Rueda un "ilustre amigo" cuyas ideas sobre el ritmo coinciden con las propias y, las de ambos, con las de poetas franceses como Verlaine o Banville. Con posterioridad y tras las críticas negativas sufridas por varias de sus obras, a las que se acusaba de excesiva familiaridad con la moderna poesía francesa, el malagueño matizará sus opiniones hacia los poetas galos. Cuando Darío sea ya un enemigo, Rueda se atribuirá la prelación de las novedades expuestas en el ensayo usando un tono diferente, como se observa en su "Carta" a Narciso Alonso Cortés, de 1925; ahora rechaza tanto a Darío como a la influencia francesa de forma tajante, mientras subraya la procedencia nacional, autóctona, de sus versos, como demuestra —sigue— la poética contenida en *El ritmo*: "Hoy parece no poco de aquel libro pueril, como parece pueril el principio de las cosas que muy luego se perfeccionan. Valor histórico sí lo tiene grande, como demostración de que fue lo primero que se escribió sobre la revolución en nuestra poesía moderna. Darío jamás escribió de esto. Él lo tomó todo, todo, todo, de París".[18]

Insiste Rueda en otros tantos testimonios en matizar el carácter de la recepción de este ensayo y alude a las suspicacias de un sector de la crítica. En 1899 le contaba a Miguel de Unamuno: "aquí todo el mundo lo estuvo discutiendo de mala fe durante mucho tiempo, y después he ido enterándome [. . .] de que casi ninguno de aquellos que vociferaban a favor o en contra de la obra la habían leído, y menos estudiado".[19] De tal debate no he localizado en la prensa más testimonios que el de *Clarín,* quien se refería a *El ritmo* en "Vivos y muertos. Fragmentos de una semblanza" (*Madrid Cómico*, núm. 566, 23 diciembre 1893, 3 y 6, y núm. 567, 30 diciembre, 3).

En ensayos posteriores, Rueda se preocupa por dejar bien claro que *El ritmo* es una obra escrita a instancias de su propia responsabilidad como poeta, habida cuenta del estado de postración en que se hallaba la lírica española. Por añadidura, intenta relegar las críticas que le retrataban como una especie de poeta "asilvestrado", un campesino cuyos asuntos estaban limitados por su escaso mundo, esa "cigarra sencilla", según le calificaría Juan Ramón Jiménez, en este caso de buena fe.[20] Escribía a Unamuno:

> Lo único, acaso, que no puedan dejar de reconocer en mí mis adversarios *sistemáticos* [. . .] es una práctica enorme en bregar con los acentos castellanos durante veinte de años de haber estado llenando de versos el mundo. Toda esa brega que he sostenido, por temperamento primero y por noble deseo después de que tal vez pudiera contribuir a dar flexibilidad nueva a la expresión poética en España, dio por resultado un libro que di al público, sobre el cual todavía se siguen escribiendo artículos y estudios fuera de nuestra nación, y que hube de titular *El ritmo* [. . .].[21]

Rueda siempre estimó *El ritmo* entre sus mejores obras. Cuando, hacia finales de 1910, considere el valor del conjunto de su producción, la mantendrá entre las que merecen seguir siendo tenidas en cuenta; sólo le resta los artículos de crítica, ajenos al plan del texto, que aparecen detrás.[22]

En cuanto a los juicios que ha merecido, son muy distintos, y negativos en varios casos. De "atrevidas y valientes" tachaba el redactor de *Blanco y Negro* las ideas que sustentaba; de "ardores de libertad ecléctica", según se vio, hablaba

Darío. Tal atrevimiento y libertad no fueron del agrado de *Clarín*. En el citado artículo "Vivos y muertos", reitera acusaciones y advertencias ya dirigidas al malagueño en anteriores opúsculos. Publicado, según se dijo, en dos números sucesivos de *Madrid Cómico*, en la primera entrega (núm. 566, 23 diciembre 1893, 3 y 6) le llama "poeta entusiasta, inquieto y apasionado [. . .], de indudable originalidad", poseedor del "don preciso del ritmo, la viveza de la imagen. . .", pero, al mismo tiempo, "muy expuesto a ser infestado por algunas de las epidemias de mal gusto que hoy cunden tan rápidamente, gracias a la falta de respeto a la tradición artística y a la autoridad estética". Insiste *Clarín* en la falta de verdaderos poetas entre los jóvenes en España, pero, al mismo tiempo, critica también la tendencia a hacer revolución estética, lo que para él carece de fundamento. En este punto califica *El ritmo* de "toda una batalla contra molinos de viento". Aconseja a Rueda que deje su obsesión antiquintanesca, su lucha contra el endecasílabo y su aprecio por los poetas americanos, sobre todo por Darío, al que sitúa entre los "sinsontes vestidos con lenguaje parisién". Ya en la segunda entrega (núm. 567, 30 diciembre 1893, 3), le advierte: "no olvide que eso de *cantar* y *pintar* la palabra es una metáfora que, tomada al pie de la letra, lleva al absurdo." Los atrevimientos de *El ritmo* parecen ser para *Clarín* desviaciones debidas a la ignorancia o a las malas influencias, sobre todo las de procedencia francesa, que pueden llegar a arruinar sus posibilidades: "Rueda se queja de que le tomen por *modernista* a lo parisiense y hace grandes protestas de españolismo; pero no van del todo descaminados esos amigos suyos que le ven como un *compañero* en *instrumentismos* e *impresionismos*, etc., etc. Siéntalo o no como español, Rueda canta a Andalucía con *teorías* de franceses, más o menos imitadas, tal vez nada imitadas reflexivamente, pero sí bebidas en el ambiente literario, sin saberlo". Y terminaba *Clarín*, "Creo, con toda sinceridad, que en muchos respectos es necesario que Rueda se reporte, si no quiere malbaratar su talento, que bien educado, podría ser hasta grande". El malagueño, muy sensible a los rechazos y a los halagos (sobre todo si proceden de Alas), se dejó influir. *El ritmo* es todavía un texto de transición dentro de la poética de Rueda: en sus páginas se encuentra el autor que busca nuevas formas de expresión y se abre a posibles influencias. Aunque matice su preferencia por determinados poetas franceses, y niegue a otros, aún no se trata del poeta galómano y absoluto de años después.

Otras apreciaciones posteriores coinciden en destacar su importancia en el marco de la evolución lírica del fin de siglo ("libro de capitalísimo interés, por fijar un jalón en la evolución de la lírica española", escribe Alonso Cortés), pero abundan en calificaciones referidas a su exposición confusa. Así, para José M.ª de Cossío ofrece "observaciones valiosas" al tiempo que se pierde en "abstracciones aparatosas y de escaso alcance". Más próximos en el tiempo, autores como Richard Cardwell y Donald Fogelquist ponen en duda su novedad; el primero subraya esa misma confusión, que hace incomprensible, sigue, las nociones referidas a la prosodia y al acento poético; el segundo es contundente en sus conclusiones: "*El ritmo* no expuso, en realidad, ninguna teoría muy revolucionaria", "ni anuncia ni contiene el germen de una nueva estética literaria".[23] De cualquier modo, el análisis del texto permitirá ratificar o negar todas estas opiniones. Se hace necesario antes referir el estado de la teoría métrica en España en las fechas en que la obra se publica.

2. *EL RITMO* Y SU RELACIÓN CON LA TEORÍA POÉTICA ESPAÑOLA DEL ÚLTIMO TERCIO DEL SIGLO XIX

Por extenso se ha escrito acerca de la obsesión de los modernistas por la forma métrica. De hecho, la revolución lírica que los poetas de fin de siglo llevan a cabo se caracteriza por una búsqueda incesante de nuevas vías de expresión; no persiguen sólo innovaciones métricas, sino que anhelan penetrar el ritmo, la armonía, el sentido oculto del universo, avanzando sobre los románticos. Los nuevos poetas profundizan en la naturaleza del ritmo y apelan a la síntesis entre ritmo sonoro y ritmo conceptual; es decir, si ritmo es básicamente repetición, en su logro no sólo cuentan los apoyos acentuales de naturaleza acústica, sino que recurrencias de ideas, imágenes, etcétera, pueden contribuir a formarlo. No es nada nuevo lo que aquí se cuenta, pues los poetas de muy diferentes épocas entendieron y pusieron en práctica esta doble naturaleza rítmica del lenguaje, aunque sea el romanticismo el movimiento que más se benefició de las combinaciones que tal binomio ofrece bajo su lema de libertad creadora, naturalidad y verdad expresivas. Cuando Zorrilla se refiere a la "música de las ideas" está en este punto, planteando un concepto de armonía tan amplio que se acerca al del modernismo. Los modernistas heredan y perfeccionan los ensayos románticos. Experiencias como el poema en prosa o el verso libre enlazan con el deseo de romper con las rígidas exigencias del ritmo acústico.

Como bien se apunta en la primera carta escrita por Rueda a Yxart, el tema del ritmo estaba "en la atmósfera, se *masca*, como suele decirse, se siente, llega a la *conciencia colectiva ilustrada*" (R., 5). Y no sólo en la década de los noventa; en las anteriores el ritmo se había convertido en importante pilar de algunas de las más ácidas polémicas realistas, que se hacen eco de los experimentos y cambios que se están realizando en otros países europeos (son esos franceses, alemanes, italianos que, como indica Yxart en su carta, tanto llevan de adelanto). También las preceptivas y ensayos sobre teoría poética de la época se detienen en el estudio del ritmo, aunque aportando explicaciones contradictorias y aun opuestas. Rueda coincide con algunos de los argumentos expuestos en estos libros y polémicas; tal coincidencia es testimonio de su deuda con respecto a otros autores, algo que, por otra parte, niega contundentemente en sus cartas a Yxart.

El interés de Yxart por el asunto del ritmo del verso, germen de la relación epistolar con Rueda —a su vez génesis de *El ritmo*—, encaja, pues, en un movimiento de inquietud general tanto en Europa como en América. Sin embargo, ha de advertirse la falta de correspondencia absoluta entre la situación del panorama poético español con respecto al de otros países. En la comparación entre Francia (pionera en novedades extendidas, más tarde, por muy diferentes lugares) y España se observa cómo, mientras en el país galo se publican las primeras antologías que darían nombre a los parnasianos y se deriva, luego, hacia el decadentismo y el simbolismo de la mano de Gautier, Leconte de Lisle, Banville, Baudelaire, Heredia y Verlaine entre otros autores, en España se asiste al planteamiento y desenlace de varias polémicas en torno a la literatura y el arte, que cuestionan, en algunos casos, la oportunidad de la renovación poética que propugnan las anteriores escuelas. Conviene detenerse en ellas para conocer el contexto en que nace *El ritmo*.

Las polémicas sobre la desaparición de la forma poética

Desde 1870 cobra fuerza en España una polémica muy característica del espíritu del realismo: la que enfrenta ciencia y poesía. Prolongación suya son las discusiones sobre la desaparición de la forma poética que, unidas a las del enfrentamiento verso/prosa, cobran un especial relieve sostenidas por el verbo y la pluma de destacados autores: Gaspar Núñez de Arce, Ramón de Campoamor, Juan Valera y Leopoldo Alas, *Clarín*. En ellas se plantea la defensa de formas expresivas que habrían de ser muy caras después para las nuevas generaciones poéticas; es el caso del poema en prosa.

Una de las más permanentes acusaciones cernidas sobre la poesía del XIX —aún más en su prolongación realista— es la de *prosaísmo*; precisamente cuando los escritores tuvieron muy a gala escribir Poesía, a la que consideraron el género por excelencia, además del idóneo para la expresión del espíritu de la época. Pero, al mismo tiempo, la segunda mitad del XIX es la de la fe en la ciencia y el progreso, como consecuencia de los logros reales que se producen en el campo experimental. Era inevitable que estas dos formas de conocimiento entraran en lid en la mente de los hombres del periodo, quienes identificaron poesía (y verso) con espíritu, y prosa con ciencia. El enfrentamiento entre ambos medios de expresión estaba, así, servido.[24]

Son diversas las posturas enfrentadas en esta discusión. Si para unos (Ramón de Campoamor, Manuel del Palacio, Melchor de Palau) la conciliación entre ciencia y poesía era provechosa, pues procuraba un nuevo vocabulario poético, para otros (Aparisi y Guijarro) era negativa, al tornar a la poesía "prosaica". Se planteó, de este modo, una larga diatriba acerca del futuro de la poesía y la pregunta de si no sería el destino último del arte morir ante el avance de la ciencia, en la que se cree hasta el punto de creerla omnipotente. No todos los contendientes en esta polémica son tan absolutos. Así, se observan otras dos posturas: la primera matiza que tal vez no sería el arte, en su conjunto, el destinado a morir, sino una de sus especies: la poesía, la más vulnerable, se pensaba, quintaesencia de lo espiritual; la segunda, que no desaparecería la poesía, sino su forma, la forma poética: la prosa estaba destinada a asumir todas las expresiones. Tal sustitución era imposible para algunos (Zorrilla, Núñez de Arce y Campoamor, por ejemplo), porque consideraban a la prosa un vehículo indigno. En consecuencia y con el fin de dirimir esta controversia, se hace necesario investigar en las diferencias entre una y otra y, en ese sentido, el tema del ritmo adquiere un gran protagonismo, pues es, según algunos, el límite entre ambas formas de expresión. Dentro del debate están muchos de los argumentos repetidos por los decimonónicos, quienes se adelantan hacia las opiniones de las generaciones de fin de siglo. (Véase cómo los textos que se utilizan a continuación se publican, en su mayoría, avanzada la década de los ochenta.)

En 1887 pronunciaba Gaspar Núñez de Arce, en el Ateneo Científico y Literario de Madrid, su discurso acerca del "lugar que corresponde a la poesía lírica en la literatura moderna y juicio acerca de sus más preclaros cultivadores"[25] (el año anterior se había publicado *Iluminaciones* de Rimbaud). En él hacía balance del estado del género lírico en España y establecía interesantes comparaciones con la poesía francesa. Además, afirmaba el carácter superior del verso sobre la prosa, lo que provocó como respuesta dos artículos de *Clarín*: "Un discurso de Núñez de Arce" y "Pequeños poemas en prosa".[26]

Núñez de Arce defiende el verso, la forma poética, por encima de todo; para él, sus atributos —ritmo, metro y rima— son consustanciales a la poesía. No son artificios sino parte de su naturaleza: "suprimir el ritmo, el metro y la rima sería tanto como matar a traición la poesía, que tiene su forma adecuada, no artificiosa, sino espontánea y característica como la prosa misma". Frente a ella, la prosa es una especie expresiva menor y, en consecuencia, niega cualquier tipo de mezcla: "nada tan insoportable para mí como la *prosa poética*", declara.[27]

Para explicar el valor del ritmo en la poesía utiliza símiles biológicos, de moda por entonces, que también se leen en las cartas de Rueda. Sin embargo, para Núñez de Arce la única expresión posible de ese ritmo es de naturaleza acústica y silábica, y tampoco parece reconocer valor semántico a la rima, con lo que no hay ninguna novedad en sus planteamientos:

> El ritmo rige y ordena el ritmo universal. Siéntele el ser humano desde que nace, reside en su organismo y palpita en sus arterias [. . .]. El ritmo, pues, existe en la voz y en los movimientos del hombre, no por arbitrario capricho suyo [. . .]; existe en virtud de una ley matemática, porque marcar el ritmo [. . .] equivale de algún modo a contar. El metro es consecuencia del ritmo. Y en cuanto a la rima, que nunca ha sido esencial a la poesía [. . .] conviene, sin embargo hacer constar que en las lenguas modernas, en las cuales la cantidad prosódica está casi desvanecida, sirve de útil apoyo para fijar con mayor precisión el valor del ritmo [. . .]. El ritmo, el metro y la rima son los vínculos con que la poesía se une a la música, a ese arte divino cuyos secretos ha sorprendido y estudia sin cesar el hombre en la inmensa sinfonía de la naturaleza.[28]

Poco *moderno* se muestra el vallisoletano en este discurso, de lo que ofrecen testimonio, igualmente, sus juicios sobre la moderna poesía francesa. En concreto, acusa a la *escuela del decadentismo* (legítimos herederos de los *parnasianos*, dice, de entre los que salva a Leconte de Lisle y a Coppée) de haber roto con los principios sacrosantos que él defiende: "Ellos han roto con el ritmo, el metro, la rima, la sintaxis, hasta con el léxico de la lengua francesa, describiendo en los vocablos una doble o triple naturaleza simbólica ni siquiera sospechada antes de la aparición en el campo literario de estos *iluminados* reformadores".²⁹ En su concepto, la palabra es sólo la encarnación del pensamiento y, en consecuencia, rechaza el nuevo valor que las nuevas generaciones le conceden, al convertirla, en un ulterior proceso de significación, en color, aroma, nota musical o figura geométrica. Este es uno de los caminos por los que irá la renovación de la lírica finisecular, de la que Núñez de Arce se sustrae.

Por su parte, *Clarín* no cree en las fronteras tajantes entre prosa y verso defendidas por Núñez de Arce y, en un sentido contrario, afirma: "El verso no es más que un modo de la prosa [. . .], el modo rítmico".³⁰ No obstante, en su justificación de la superioridad de la prosa, se advierte que utiliza dos conceptos diferentes de ritmo: uno parece equivaler al silábico y es propio del verso; otro es equiparado a la armonía natural y se encuentra de forma más espontánea en la prosa. Así, los poemas en prosa a los que *Clarín* se refiere no tendrán rima ni metro, pero sí un ritmo particular, un "ritmo misterioso, intelectual", como lo califica Fernando González Ollé.³¹ No se indica su naturaleza, pero sí que responde al contenido no al continente, por lo que puede concluirse que se trata de un ritmo conceptual:

> El sonido en el arte tiene un ritmo ostensible, en la naturaleza misterioso, fragmentario para el hombre; lleno, armónico para los dioses; la música tiende a imitar a la Naturaleza, la Naturaleza no imita jamás a la música [. . .]. Todos los ayes del alma, todos los gritos de la adoración, todos los murmullos de los bosques, todas cigarras [*sic*] y todos los grillos de la pradera, todas las abejas que borrachas de perfumes zumban alrededor de las flores, todas las flores y todas las brisas, todas las olas y todos los truenos, todas las fuentes y todos los ruidos del terremoto, son *wagnerianos*. El verso es la música, la voz del arte; la prosa es el sonido sin domar, es la voz de la Naturaleza.³²

El artículo "Pequeños poemas en prosa" es de 1888, precisamente el mismo año de la publicación de *Azul. . .*, hito fundamental en la adopción en el ámbito hispano del poema en prosa (puede considerarse "El caudillo de las manos rojas"[1858], de Gustavo Adolfo Bécquer, el primero original en España). Pese a la ambigüedad de sus definiciones, no cabe duda de que también el trabajo de *Clarín* avanzó hacia el modernismo.

Coincide Leopoldo Alas con Campoamor en su propósito de acercar prosa y verso ("hay un punto de conexión común [*sic*] donde la poesía y la prosa no se distinguen más que por el ritmo y la rima"),³³ aunque el primero criticase siempre la tendencia al prosaísmo del segundo. Para Campoamor, el ritmo y la rima convierten el lenguaje hablado en lenguaje poético. En su debate con Juan Valera se advierte cómo, sin embargo, considera el verso por encima de la prosa: "el lenguaje sólo en verso es un mecanismo perfecto", escribe, y establece relaciones entre prosa y arte a través del ritmo: "La prosa sin ritmo es una jerga", "La poesía da el ser a la prosa", son algunos de los epígrafes de esta polémica; llama Campoamor "prosa dominguera" a la "prosa poética".³⁴ Ofrece un concepto interesante, en conexión también con opiniones de *Clarín* y de Rueda, al establecer un enlace entre idea y forma: "El ritmo es un estuche para conservar las ideas",[35] aunque parece reconocerle un mero valor mnemotécnico.

En general, y como ha podido observarse, las explicaciones que Núñez de Arce, *Clarín* y Campoamor ofrecieron acerca del valor del ritmo son contradictorias y confusas. Destacan por reflejar intentos de definir un nuevo concepto, más cercano al de armonía, menos atado a la mecánica del verso. Después de ellos, las nuevas generaciones creerán, sobre todo, en el arte y profundizarán en su esencia, fuera ya de enfrentamientos y posibles conciliaciones.

Las modernas teorías métricas: preceptistas e innovadores

José Yxart menciona en su epístola a los "pocos, por no decir nadie" que habían escrito "acerca de la gran revolución métrica que se está realizando" (*R.*, 3) cuando en otros países se había adelantado mucho en ese sentido. Yxart se proponía, según se indicó, componer un ensayo teórico que reuniese y analizase el estado de la poesía en lengua española. Sólo destaca el nombre de Rubén Darío como a uno de los versificadores innovadores (preguntando a Rueda acerca del influjo que los preceptistas franceses han tenido sobre él); al de Darío suma el de Rueda (tras leer sus libros *En tropel* y *Sinfonía callejera*), y cita luego a Eduardo Benot y a "algunos críticos y poetas catalanes", que cabe identificar con autores tales como Santiago Rusiñol y Pompeu Gener, destacados más tarde por Darío por su temprana modernidad.[36] A su vez, Rueda coincide con Yxart en la descripción del panorama desolador que ofrece la poesía en aquellas fechas, y echa la culpa al miedo a "tirar de la manta", a "echar por tierra toda nuestra retórica contemporánea" y a la falta de "*material concreto* con que levantar el edificio" (*R.*, 5). La falta de una moderna teoría poética es la causa —dice Rueda— de que *El ritmo* parta de una absoluta falta de fuentes; sólo reconoce una parcial concordancia con Darío y alaba el impulso renovador de *Clarín* junto al del mismo Yxart. En última instancia, se muestra deudor de los parnasianos Théophile Gautier, José M.ª de Heredia, Leconte de Lisle o de su admirado José Zorrilla, sobre los que opina, sin embargo, se debe avanzar. Entre los teóricos, menciona a Pedro Felipe Monlau (autor de un tratado de retórica y poética muy conocido desde mediados del siglo XIX),[37] cuya obra considera ejemplo de versificación matemática, falta de emoción y contraria a la que él predica (*R.*, 23). Todavía en el terreno de la teoría, añade los nombres de Andrés Bello y José Asenjo Barbieri para conluir su escaso interés y novedad: "Ni los estudios gramaticales de D. Andrés Bello, ni el discurso académico de Barbieri, hablan una palabra del ritmo propiamente dicho" (*R.*, 46), lo que no se corresponde exactamente con la realidad. Si se analiza el estado de la teoría poética decimonónica por los años en que Rueda redacta *El ritmo*, parece evidente que exagera en su deseo de mostrarse solo y único en su proyecto renovador (o bien ignora parte de lo escrito acerca de este tema) .

Según señala José Domínguez Caparrós, a partir de la segunda mitad del XIX las preceptivas (tratados de Retórica y Poética o Literatura Preceptiva) acostumbran a incluir un resumen de métrica, aunque de escasa novedad con respecto a siglos anteriores.[38] No obstante, destacan las obras de José Coll y Vehí, Manuel Milá y Fontanals, Miguel Agustín Príncipe, Eduardo Benot y los comentarios sobre esta materia de Marcelino Menéndez Pelayo. Algunos exponen interesantes teorías que representan un avance notorio, aunque no revolucionario, desde los tiempos del *Arte poética española* (1592) de Rengifo, o sea, desde la métrica del siglo XVI, pese a la afirmación en contra de Yxart: "¡aquí est[a]mos todavía a la altura de Rengifo, sin soñar siquiera los profundos problemas musicales y estéticos que se ocultan en la técnica del arte de escribir versos!" (*R.*, 4).

Por estos años en España se plantea la oposición entre dos sistemas de versificación distintos: el cuantitativo o silábico y el acentual, y se asiste a la victoria del segundo sistema. Por ejemplo, autores como José Coll y Vehí (en *Elementos de arte métrica latina y castellana*, 1854; *Compendio de Retórica y Poética*, 1870; y *Diálogos literarios*, ediciones de 1866 y 1882) se proponen averiguar los secretos del ritmo y estudiar la naturaleza del acento de intensidad, oponiendo versificación *rítmica* (la castellana) a la *métrica* (la clásica), al tiempo que ofrecen originales planteamientos sobre la armonía del verso. Otro de estos teóricos innovadores sería Eduardo Benot.

Ya en la carta que abre *El ritmo*, Yxart subraya el nombre de Benot, quien en *Examen crítico de la acentuación castellana* (1866) y *Prosodia castellana y versificación* (1892) investiga en la naturaleza del acento y ofrece una teoría sobre un nuevo tipo de versificación por pies acentuales o cláusulas rítmicas, al tiempo que investiga en la naturaleza del acento. Salvador Rueda conocía, casi con toda seguridad, estas obras de Benot, cuyas páginas casi parafrasea cuando alude a la importancia del ritmo y a la necesidad de una renovación métrica apoyada en el estudio de sus posibilidades. También Benot habla del ritmo con esos símiles biológicos, tan del gusto de la época, que reitera Rueda:

> Los que piensan estar llamada a desaparecer la forma poética, no consideran que ha de haber métrica en el mundo, mientras rítmicamente lata el corazón y con ritmo fluya la sangre en las arterias. Signo de muerte es la falta de ritmo en la circulación [. . .]. El galope del caballo es ritmo puro [. . .]. Todo es ritmo en nosotros. Para el tacto, el pulso en las arterias y el compás en la respiración. Para la vista, los movimientos regulares de los seres animados: el galope, el vuelo, los impulsos periódicos de los remos, el batir de los martillos sobre el yunque a intervalos regulares, la alternación de subidas y bajadas de la sierra [. . .].[39]

Para Mireya Camurati, Benot explicita con mayor coherencia y decisión que otros preceptistas del momento el nuevo sistema de versificar en español sobre la base de la repetición de pies o cláusulas de dos y tres sílabas con acento fijo.[40] Sin embargo, para los jóvenes modernistas sus renovaciones, en parte análogas a algunas de las propuestas por Rueda, serán insuficientes. En los testimonios que siguen, Manuel Machado y Rubén Darío expresan su respeto por las teorías de Benot pero, al mismo tiempo, matizan su alcance. Machado le califica de "gran revolucionario", para añadir: "no concebía que se hicieran revoluciones, después de la suya, ni en la retórica". Con similar sentido, Darío, respondiendo al interrogante acerca de la desaparición de la forma poética, precisaba: "[la forma poética] sigue, persiste, se propaga y hasta se revoluciona, con justo escándalo de nuestro venerable maestro Benot, cuya sabiduría respeto y cuya intransigencia hasta deseos me inspira de aplaudir".[41] Benot no se atrevió, como Rueda, a romper con la lógica, a quebrar el ritmo allí donde lo harían los modernistas.

Las teorías de Benot están en la misma línea que las de otros teóricos tan sobresalientes como el venezolano Andrés Bello y el chileno Eduardo de la Barra. De la Barra fue autor de varias obras (entre ellas *Elementos de métrica castellana* [1887], *Estudios de versificación castellana* [1889] y, muy próxima cronológicamente a *El ritmo, Nuevos estudios críticos sobre versificación castellana* [1891]), que, probablemente, Rueda no conoció, aunque tal vez sí a Bello. A éste se le deben, en opinión de Domínguez Caparrós, los conceptos más modernos y atrayentes en torno a teoría métrica en los límites de la segunda mitad del siglo XIX. Sus ideas gozaron de gran prestigio en España e Hispanoamérica,[42] como prueba la amplia difusión de su obra *Principios de ortología y métrica* (1ª edición en 1835; reediciones en 1850, 1859, 1862, 1871, 1872, 1882, 1884, 1890). Bello se inclina por las teorías más novedosas en torno a diversos extremos de la versificación castellana: niega la importancia de la cantidad silábica en el verso castellano, señala la función rítmica del acento en el verso y diferencia distintos tipos de acentos, así como identifica los varios ritmos que marcan los tipos de versos, y aporta un original sistema de cláusulas rítmicas. En conjunto, y como bien apunta Camurati, tanto Benot como De la Barra y Bello tienen en común su tendencia hacia la libertad métrica. Algunos de estos planteamientos coinciden con los puestos en práctica por los modernistas, con las salvedades ya expuestas con respecto a Benot, por lo que puede deducirse la influencia de estos teóricos sobre los poetas. En este punto no puede olvidarse la fuerza del influjo francés.

En cuanto al conocido compositor José Asenjo Barbieri, también mencionado en *El ritmo* según se ha indicado, Rueda alude a su discurso de entrada en la Real Academia Española: "La música en la lengua castellana", pronunciado en 1892. Si bien es un discurso de escasa profundidad, Asenjo apoya las nuevas doctrinas y defiende el acento como principal generador del ritmo. Al igual que Rueda, ofrece ejemplos del ritmo del lenguaje común y destaca el papel que la "armonía imitativa" desempeña en la captación del ritmo natural.[43]

En conclusión, no parecen justas las apreciaciones de Rueda cuando rechaza por completo toda innovación en el panorama crítico-literario español; tal vez la causa es su deseo de mostrarse solo, profeta en una importante misión renovadora, papel muy de su gusto. Por el contrario, el terreno estaba abonado en la fecha de la composición de *El ritmo*, y no se olvide que este aliento transformador no es consecuencia de discursos abstractos sino de un cambio en el concepto y en la función del arte, cambio que enlaza romanticismo y modernismo de forma estrecha. Las nuevas generaciones sienten la poesía como una forma de expresión individual, libre y sensible, en la que no mandan las reglas sino la intuición y la emoción creadoras, y en la que el poeta es un ser especial que se funde con el cosmos: rompe ataduras con el fondo, con el mensaje, para hacer del fondo una organización musical a través de la que se expresan las ideas y los sentimientos. De aquí la necesidad de plasmar ese nuevo concepto de armonía, de bucear en la "música de las ideas", la melodía ideal, como la llama Rubén Darío. Rueda, en *El ritmo*, investigó en el mismo camino, pero sus teorías y conclusiones exigen una valoración.

3. ANÁLISIS DE *EL RITMO*

El ritmo es un texto interesante ya sólo por la pintura que ofrece del estado de la poesía —y, en general, de la creación literaria— a finales del siglo XIX, en momentos de honda transformación estética. Con gran precisión, abstrae los rasgos más relevantes que manifiestan la postración de la lírica española decimonónica, regida por contados autores que representan tendencias poéticas definidas. Por aquel entonces los *reyes* son Manuel José Quintana, José de Espronceda, José Zorrilla, Ramón de Campoamor y Gustavo Adolfo Bécquer, a los que hay que sumar el nombre de Gaspar Núñez de Arce, quien es eludido de la reflexión general que se ofrece en el ensayo por cuestiones personales (vid. nota 28 al texto). En opinión de Rueda, y a excepción del primero y del último, éstos son los únicos poetas de verdad en lo que va de centuria, los "dioses", "hijos de la Naturaleza y no de la retórica" (*R.*, 12) porque escriben con personalidad. Al contrario, Quintana es modelo del "tipo retórico", calculador y frío; lo mismo afirma de Núñez de Arce. Ninguno de estos dos poetas son del gusto de Rueda, pues no responden a su concepto de poesía; han creado, sin embargo, un tipo de poesía que ha contado con muchos seguidores, por lo que son destacados del conjunto. Junto a los mencionados están los simples imitadores, poetas faltos de personalidad, a los que les "pesan" las palabras,[44] sólo capaces de componer a la manera de uno de los grandes. Según Rueda, ellos son los culpables de la triste situación en que se encuentra sumida la poesía decimonónica. Escribe: "Existe el dicho en España de que todo el mundo es poeta, y no hay cosa menos cierta; lo que en España tienen muchos es el *don del sonsonete*" (*R.*, 20).

En *El ritmo* se ofrece un retrato desolador de la situación en que se encuentra la poesía española en las últimas décadas del siglo XIX. Como consecuencia del elevado número de imitadores y de la falta de nuevos y originales autores, se han fijado los giros sintácticos, las expresiones, los temas e imágenes, el léxico, de tal manera que se puede componer siguiendo una fórmula, con cuyo uso cualquiera puede convertirse en poeta y crear versos faltos de emoción, sólo producto de la copia de una serie de rasgos externos. Tanto tópico, tanta frase hecha, alteran a Rueda. En su poema "Auto-bio-crítica" manifiesta que su propósito era que *El ritmo* se convirtiese en una especie de vomitivo, de forma que inaugurase una nueva concepción del hecho poético:

> También con *El ritmo* mi crítica nueva
> puso a la retórica crujiente petardo,
> y saltó la concha de tópicos duros
> como un bronce de siglos cuajado.
> El ara retórica sin dios y sin luces,
> agarré, irreverente, en mis manos,
> y arrojé su hostiario desierto en las losas,
> que con bronco ruido quebróse rodando [. . .].
> Y planté en el altar la impoluta
> hostia nueva ceñida de rayos,
> la Hostia en Rama, la Forma pristina
> del Ramo de Espigas del campo.[45]

Los modernistas odiaron sobre todo la frase hecha, el lugar común, la imprecisión lingüística, la falta de sinceridad, el artificio sin sentido, y mucho de todo esto había en la poesía española del último tercio del siglo. La reacción era, pues, necesaria (aunque exagera Rueda al otorgarse a sí mismo una función sacerdotal en el cambio).

La poesía con respecto a la que se proyecta esta reacción, la realista, se caracteriza por su importancia social y el alto número de los que la cultivan. Pocos autores tienen algo nuevo y personal que aportar, pero todos desean seguir una moda que, junto a la política, otorga gran consideración social. Las sátiras y críticas en torno a tal situación se hacen muy abundantes a partir de la década de los ochenta, cuando el verso se ha convertido en molde que igual sirve para redactar todo tipo de anuncios (véase la sección de publicidad de *Blanco y Negro*, por ejemplo) como para cantar sentimientos elevados. Tales apreciaciones afloran en algunos autores, que asisten, con cansancio e ironía, a la clausura de una concepción poética llegada a límites últimos y banales. De esta manera lo vio Manuel Machado:

> Terrible, mansamente terrible para las artes españolas, y más particularmente para su mayor, la poesía, fue el largo periodo que transcurrió desde la muerte del Rey Don Alfonso XII [en 1885] hasta nuestros últimos desastres coloniales.[46]

Verdad era que, muertos los grandes vates o postrados por la edad, no parecía haber herederos en medio de tanto poeta ramplón. En este sentido, indicaba *Clarín* la absoluta falta de poetas jóvenes en España en su *Apolo en Pafos*, según se apuntó (vid. página x), y el mismo Rueda contestaba al crítico Francisco Fernández de Villegas (*Zeda*) a semejante acusación (ésta se ampliaba a "todos los órdenes intelectuales") anotando una buena porción de nombres que indicaban, en su opinión, la existencia de jóvenes emprendedores y con deseos de renovación artística; entre ellos mencionaba a Ricardo Gil, Manuel Reina, Ricardo Catarineu y Manuel Paso; en otro orden, Mariano Benlliure, Antonio Susillo, y otros.[47]

Las cartas tercera a sexta ("De por qué hace falta la revolución rítmica en la poesía castellana", "*Endecasilabistas* y versificadores", "Los troqueles retóricos" y "Parálisis del idioma") son las dedicadas a la descripción de este panorama. Rueda no sólo fustiga a los imitadores sino que acusa directamente a las escuelas, a la Universidad y a la Real Academia de la Lengua del estancamiento en que se encuentra la literatura española. Son cartas sin desperdicio que ponen al tanto al lector menos conocedor de la cultura española del último tercio del siglo. Para Rueda el inmovilismo es la cualidad que mejor caracteriza la situación: inmovilismo en el uso de temas y tonos repetidos desde los Siglos de Oro; en el lenguaje, que la Academia ("Laguna Estigia en lo tétrica", *R.*, 27) impide renovar; y en la educación, en gran parte culpable de esta inercia, pues sólo enseña la "*farmacopea del escribir*" (*R.*, 20), las recetas y fórmulas (los metros instituidos, la retórica oficial) que los alumnos confunden con la poesía, mientras se desorienta a los de verdadera valía. Esta errónea educación poética es la causa de que la lírica vaya a la zaga de otras formas artísticas y géneros literarios en su evolución hacia la modernidad (vid. *R.*, 25).

En esta situación degradada, tampoco el público se libra de censura. Afirma Rueda: "*amamantado* con atronante retórica, cree a ojos cerrados que esa es la madre del cordero, que eso es la poesía" (*R.*, 19). Ya que no en el vulgo, en la que cree masa conservadora y atrasada, Rueda confía en el impulso del "público docto", de la "colectividad ilustrada" (*R.*, 43), para realizar el cambio.

Resulta conveniente apuntar aquí que, aunque expuestas de forma más confusa, en su conjunto las anteriores apreciaciones del malagueño coinciden con algunas de las quejas de otros varios autores de ideales modernistas; es el caso del ya citado Gener o de José M.ª Llanas Aguilaniedo, autores de textos teóricos importantes en la defensa del modernismo publicados por aquellos años. [48]

Novedad de la teoría poética de Rueda

Rueda, que conocía muy bien (como muestran sus apreciaciones) a los poetas románticos y realistas, se propuso desde muy pronto seguir una senda personal, siempre preocupado por ajustarse a la Naturaleza y no a la retórica. Con este propósito quiso evitar la elocuencia y oratoria de los poetas herederos de Quintana, y entre ellos se contaba Núñez de Arce. Esta actitud puede observarse en escritos teóricos del malagueño ya desde principios de la década de 1890, en coincidencia con los ensayos de renovación poética que incluye en sus libros de creación. A lo contenido en estos libros se ha aludido en la página vi y siguientes; voy a centrarme ahora en sus textos teóricos con el propósito de evocar el contexto en que nace *El ritmo*. En el artículo "Gatos y liebres" de 1891, Rueda planteaba su repulsa ante la falta de novedad en la construcción del verso: "Existe entre la gente de letras un error, que pudiera llamarse eje de muchas cuestiones literarias, en el cual incurren más principalmente los que, habiendo formado su gusto en la literatura de hace treinta años, conservan su *patrón literario*, al que *forzosamente* quieren ajustar todo su temperamento artístico". Se refería entonces a la poesía quintanesca y a los que llamaba "*forjadores* de estrofas", utilizando citas y expresiones que luego se reiteran en las cartas tercera y cuarta de *El ritmo*. En este artículo aún no expone teóricamente, a cambio de lo destruido, opciones nuevas. Éstas se concretan en el apéndice "Color y música" de *En tropel* (1893) y en *El ritmo* (1894). A partir de la fecha de publicación de *El ritmo*, aunque sigue argumentando de forma similar, se advierten huellas de ese paulatino conservadurismo de la poética de Rueda ya referido, de su negativa a aceptar la influencia francesa, y el consiguiente desprecio hacia los poetas americanos que actúan en línea distinta a sus propuestas. Es su "Carta" al profesor Narciso Alonso Cortés (1925) la más significativa para iluminar el carácter de su galofobia. Jalonan las etapas los siguientes trabajos:

— "Dos palabras sobre la técnica literaria" [carta a Miguel de Unamuno], *Revista Nueva* (julio 1899).
—"Los melódicos y los instrumentales. La copa francesa y la copa natural", *El Nuevo Mercurio*, núm. 2 (febrero 1907), 161-170.
— "El *peso* de las palabras (capítulo traspapelado de mi libro *El ritmo*)", *El cielo alegre*, Biblioteca Selecta, 79, Valencia, Pascual Aguilar, s.a.[¿1910?], 159-166.[49]

El prolífico Rueda es autor, además, de otros varios artículos y notas de menor importancia, repartidos por la prensa literaria, que exponen similares argumentos que los seis ensayos citados más arriba. Más interesantes, sin embargo, para penetrar la concepción poética de Rueda son los propios poemas, como "El acento en la poesía", "Lenguas de fuego", "El verbo-órgano". A continuación cotejaré la teoría poética manifestada en estos trabajos por Rueda con la ofrecida por otros destacados poetas decimonónicos que se citan a continuación con el fin de matizar novedades y negaciones.

"Color y música"(1893) sintetiza los principios básicos de la modernidad propugnada por Rueda. Como ya he señalado en anteriores trabajos,[50] la poética defendida en estas páginas reacciona ante la poesía retórica y "de mensaje" representada por Gaspar Núñez de Arce mientras enlaza con la *metapoesía* de Gustavo Adolfo Bécquer (la poesía-himno) y Ramón de Campoamor (la metafísica). Estos últimos autores habían ofrecido un concepto idealista de la poesía en el que cobra relieve la imagen o el símbolo; ambos expresan la dificultad del acto poético, el logro de encontrar el "invisible anillo" que sujete "el mundo de la forma / al mundo de la idea" (Rima V), o en palabras de Campoamor: "La gran dificultad del arte consiste en hacer perceptible un orden de ideas abstractas bajo símbolos tangibles y animados";[51] ambos, por último, entienden la necesidad de establecer una nueva relación texto-lector a partir de la sugerencia (Campoamor: "Un buen verso no es tan bueno por lo que dice como por lo que da a entender"; Bécquer: "[La poesía] hiere el sentimiento con una palabra y huye").[52] El ideario de Rueda manifiesta mayor similitud con la poética becqueriana que con la campoamorina en la medida en que tanto Bécquer como Rueda parten de un concepto neoplatónico de la poesía, en cuya exposición teórica utilizan una propuesta coincidente en la que todo emana de Dios, por lo que la naturaleza adquiere trascendencia religiosa, como el mismo proceso de creación poética. También les acerca el uso de términos y expresiones científicas (átomo, leyes de la naturaleza, etcétera), muy repetidas en las décadas finales del siglo, según se ha visto. Además, los dos plantean una percepción sensorial de la poesía, mientras que Campoamor tiende a una conceptual (en la que, sin embargo, el sentimiento cobra gran importancia). Compárense las siguientes citas:

> Yo sé un himno gigante y extraño
> que anuncia en la noche del alma una aurora,
> y esas páginas son de ese himno
> cadencias que el aire dilata en las sombras.
>
> Yo quisiera escribirle, del hombre
> domando el rebelde, mezquino idïoma,
> con palabras que fuesen a un tiempo
> suspiros y risas, colores y notas.
> (Rima I, de Bécquer)

Dejaos de reminiscencias, de asonancias y de versos. ¡A los planes de los asuntos, y a la filosofía de los planes! [. . .] Cuando en la belleza se junta algún objetivo; cuando una línea o palabra determinan y recuerdan lo infinito, haciendo el arte trascendental, entonces es verdaderamente divino. (*Poética*, de Campoamor)

El pensamiento humano, más o menos cohibido en las demás artes, tiende sus alas con holgura en los espacios infinitos de la poesía: no se siente encadenado por la piedra, el lienzo ni el sonido. Cuando desconociendo su potencia intelectual y creadora, se cuida más de la forma que del fondo, y pretende competir con sus hermanas en la belleza plástica y armónica, la poesía desfallece y cae, porque no dispone del cincel, de la paleta ni del instrumento musical [. . .]. La poesía, para ser grande y apreciada, debe pensar y sentir, reflejar las ideas y pasiones, dolores y alegrías de la sociedad en que vive.
("Prefacio" a *Gritos del combate,* de Núñez de Arce)

[. . .] puesto que nuestro público está cansado de la poesía que ofrece la idea y el sentimiento de un modo *preciso* ¿qué inconveniente hay en ofrecer sentimiento e idea, por ejemplo, diluidos en la estrofa por medio de la música y del color ?
("Color y música", de Rueda) [53]

En el pensamiento de Rueda forma y fondo se identifican: avanza tanto sobre la poesía "de mensaje" como sobre el *arte por la idea* de Campoamor. También a diferencia de Bécquer, ahora el color y la música no son artificios secundarios en la creación poética, sino que *son* la poesía, constituyendo su esencia: "El color y la música en poesía no son elementos externos; al contrario, nacen de lo más hondo y misterioso de las cosas y son su vida íntima y su *alma*".[54] Se proyecta, así, una lírica que ponga al hombre en contacto con la naturaleza, con el *himno* revelado a través del color y la música; para ello la poesía habrá de adueñarse de todas las cualidades a su alcance, y el poeta deberá cuidar al máximo su elaboración:

> [...] el artista que se proponga cantar los seres humanos en su estrecha relación con la naturaleza, reconociendo a ésta toda la importancia que tiene, ha de hacer de la pluma un instrumento dotado de vibraciones infinitas para recoger tanto matiz disuelto, tanta nota vaga e indeterminada, tanto secreto latido como anima esa grandiosa y secreta sinfonía.
> La pluma es una orquesta, y una paleta, y hasta un cincel: posee, a su modo, las formas todas de las bellas artes; y persuadirse de que la pluma es un instrumento multicorde y multicolor, capaz de expresarlo todo, es lo que tienen que hacer los desorientados de la literatura.[55]

Sin embargo, permanece el valor trascendente de la poesía, la importancia del fondo.

Bajo la nueva óptica adoptada por el malagueño, también muda la temática. La poesía de Rueda, a diferencia del *arte por la idea*, es descriptiva y exterior; los seres y las cosas creadas que forman el mundo natural son, ahora, los protagonistas. Poesía objetiva, podría decirse, si se matiza esta calificación. En *El personalismo* (1855), Ramón de Campoamor detallaba el estado del género lírico cuando inició su carrera literaria. Por aquel entonces Zorrilla era el vate indiscutible en la parcela de la poesía "objetiva", así que él ocupó la parcela vacante: "el campo de las impresiones subjetivas, íntimas, completamente personales".[56] De esta forma, Campoamor negaba el carácter descriptivo y objetivo, a su entender, de las largas leyendas románticas. Al tener como raíz el mundo de las ideas, las *doloras* serían, por el contrario, poemas condensados y subjetivos. Desde su punto de vista, Rueda (como Zorrilla) compondría arte *realista*, pues se inspira en cosas, no en ideas. En *El ritmo*, y desde una perspectiva distinta, el malagueño lo veía todo de otro modo.

Así se observa en la carta tercera cuando entiende que para levantar la poesía de su estado de postración era necesario "un Zorrilla *que agarre la realidad*" (en cursiva en el original), es decir, un poeta interesado por todo tipo de asuntos y capaz de descifrar todo lo que encierra la música natural, lejos de esa elusión de lo meramente circunstancial propia del romanticismo y del juego polimétrico e inconsciente, brillante pero sin sentido. Además, pese al criterio de Campoamor, los versos de Zorrilla son subjetivos, pues parten del sujeto; por el contrario — como observa Bienvenido de la Fuente—, Rueda propone un camino inverso: partir del objeto para llegar al sujeto. Se trataría, en definitiva, de objetivar la realidad, dejando a un lado la trascendencia, para luego ofrecerla subjetivada.[57]

Para Rueda la originalidad y la sinceridad son cuestiones principales de *El ritmo* y, en consecuencia, no podía ser de manera distinta: cada poeta tamizará a partir de su propia sensibilidad y de sus sentimientos su captación de la Naturaleza e interpretará personalmente sus armonías; de ahí que un nuevo y enriquecido léxico sea condición inexcusable para plasmar los nuevos temas e imágenes (lo expone en la carta sexta: "Parálisis del idioma").

Sensación y armonía. El ritmo ante todo

Primordial para la comprensión del pensamiento de Salvador Rueda es abordar la particular filosofía que lo conforma: ésta da sentido a su temática, su imaginería, su léxico, y también justifica la importancia concedida a los aspectos formales del verso.

Octavio Paz y Ricardo Gullón han explicado la extraordinaria importancia que tiene para el modernismo la filosofía pitagórica, que concibe el universo como un todo rítmico, sujeto a número y medida. Bajo esta influencia, el poeta modernista aspira a percibir la armonía, la unidad cósmica, y a plasmarla en sus versos, descubriendo relaciones y asociaciones entre lo material y lo espiritual.[58] Esta es también la pretensión de Rueda.

Cristóbal Cuevas ha explicado magistralmente la concepción pitagórica y neoplatónica que anima el universo poético de Rueda. Él entiende el mundo material como un inmenso poema, como un organismo musical del que cada criatura forma parte, comportándose como una nota musical de un pentagrama eterno. Todo el cosmos estaría, así, regido por pautas musicales ("el Universo es una urdimbre, una colosal urdimbre de ritmos", *R.,* 9). Fiel a este criterio, Rueda alude con frecuencia al Gran Todo constituido por la creación, unido en esencia armónica, en el que nada resulta discordante. Se trata de un mundo ordenado y lógico, en el que que todos los seres aparecen encadenados a una causa última. Muy interesantes a este respecto son las indicaciones presentadas por Richard Cardwell, quien identifica esta concepción con las afirmaciones de la filosofía de Leibniz. En tal argumentación todas las cosas, todos los seres, tienen alma, al participar de la esencia divina; con eso concuerda una de las imágenes preferidas por Rueda, que presenta a la realidad al completo entrelazada de forma inextricable como si tratase de las vértebras de un animal: "No hay un sólo asunto desenlazado del Gran Todo, como no hay vértebra que pueda vivir sin ser parte de su espinazo"; "la Naturaleza viva, la que no está encerrada en los folios, procede en sus manifestaciones por escalas; por teclados que se enlazan unos a otros constituyendo yuxtaposiciones y *vertebraciones* del mismo asunto, enlazándolas todas a Dios".[59] Muchas de sus composiciones poéticas reiteran tal imagen o la sitúan en su título, hasta tal punto que, en opinión del autor, todas podrían haberse llamado "Escalas de vidas".[60] Las cartas segunda y décima ("El ritmo en su origen" y "La poesía como resumen de las bellas artes") exponen esta concepción poética y amplían los argumentos adelantados en el apéndice de *En tropel* ("Color y música"). En el pensamiento de Rueda el evolucionismo se suma a las teorías filosóficas mencionadas.[61]

En línea con el pensamiento pitagórico, *El ritmo* propugna un concepto de poesía de carácter sensorial, alejado de la lírica conceptual realista. El uso de impresiones sensoriales y de técnicas y recursos que manifiesten, o traduzcan, los sentidos es un rasgo peculiar del modernismo. Todos los sentidos colaborarían en la traslación al poema de la belleza natural. El sincretismo de las artes es consecuencia de ello, ya que todas son manifestaciones de la misma belleza natural. Así lo vieron los antimodernistas, cuando despreciaban el refinamiento y la hipersensibilidad, que consideraban enfermizos, de sus oponentes, su preferencia, en definitiva, por el mundo de las sensaciones.

Para Rueda la poesía es la expresión superior dentro de las artes, al conjugar todas sus posibilidades (lo mismo opinan Bécquer y Campoamor). Como explica Octavio Paz, la nueva prosodia parte de una cosmología basada en la visión analógica del universo en la que se considera el ritmo como fuente de la creación poética y como llave del universo.[62] Naturaleza y poema participan conjuntamente de las cualidades de armonía y ritmo. Escribe Rueda: "Sí, por derecho propio, porque Dios ha querido, la pluma del poeta es un resumen de todas las bellas artes; en ella está la línea, la música, el color; en ella está todo, con la ventaja sobre las otras artes de que no tiene que luchar con la finita extensión e inmovilidad del lienzo, ni con la fijeza y limitación del bloque, ni con lo inconcreto de la música" (*R.*, 44-45). Si admira a Gautier (calificado como poeta-pintor), a Zorrilla (poeta-músico) y a Leconte de Lisle (poeta-escultor), también llamados *versificadores*, aspira a ser un poeta integral, síntesis de estos tres tipos.

Este sincretismo expresivo le conduce a una especial mezcla de sensaciones. En la carta segunda Rueda utiliza en su explicación del ritmo natural impresiones de carácter visual, táctil, olfativo y gustativo junto a las de origen acústico. Sus versos manifiestan igual mixtura a través de metáforas sensoriales que truecan el mundo objetivo de las cosas creadas en imágenes subjetivas. Las impresiones acústicas son, sin sorpresa, las más numerosas: son la música, el ritmo, los que en última instancia ordenan la Naturaleza .

La expresión más rica de esta transformación se encuentra en la sinestesia, una de las claves —si no la clave— de la nueva poesía del momento. En *El ritmo*, como en las *Correspondencias* de Baudelaire, el poeta es el visionario capaz de penetrar las relaciones secretas entre lo sensible y lo incorpóreo, dando paso a lo irracional frente al positivismo decimonónico. Rueda se refiere al *ritmo plástico-coloreado*, al *ritmo de los ojos*, al *ritmo mudo* de las flores, ritmo que "vibra a su modo en la retina, que a su modo también tiene algo de oído, como el tacto tiene algo de *vista*, de pupila: en cada yema de dedo va un ojo exótico cuya mirada es la adivinación sensitiva" (*R.*, 7). A su entender, el poeta no inventa nada; sólo se esfuerza por sentir en profundidad: "Yo no hago más que usar el sentido traslaticio y pasar el compás métrico de la poesía, al *compás métrico* de lo que es poesía también, de las flores" (*R.*, 8).

El poeta formaría parte de este Todo, pero el poeta de verdad —matiza Rueda—, el poeta ungido, tocado por la divinidad, el único capaz de interpretar el ritmo natural, producto de la armonía de lo creado. Se lee en *El ritmo*:

> Un poeta es un organismo musical, distinto, en su *esencia*, del de los demás seres. Es una especie de lira rítmica que si una pena le sacude, se queja en ritmo; que si una alegría le envuelve, canta en ritmo; que si repercute en ella la Naturaleza, devuelve esas repercusiones hechas cláusulas isócronas y vibrantes. Un poeta es una organización maravillosa, fenomenal, que siente en música, piensa en música, se expresa en música. Es un criadero de formas métricas en las cuales van sus ideas y sentimientos".(*R.*, 41)

En esta cosmovisión, los demás seres humanos también utilizan el ritmo y el metro (puesto que es algo natural) para expresarse, pero sin gracia, "sin estar sacudidos por la chispa divina" (*R.*, 42). Esta consideración del poeta y la poesía engarza claramente romanticismo y modernismo: el acto de creación es concebido como un rapto inspirado en el que no caben cálculos, erudiciones, ni leyes retóricas. En "Los melódicos y los instrumentales", respuesta a la conocida encuesta realizada por *El Nuevo Mercurio* acerca del concepto del modernismo, la definición que Rueda expone de la poesía enlaza con lo expresado en *El ritmo*: "[La poesía es] un embarazo espiritual *aun contra la voluntad del poeta*, con su tiempo de gestación e incubación, y luego el divino alumbramiento de un pájaro de notas (sin sílabas de más ni de menos, las justas)".[63] Extraña resulta, sin embargo, la ortodoxia de Rueda, no siempre definida (invoca a la par a Dios y a la Naturaleza), que le aleja de otros modernistas.

Tras estos comentarios, se entiende su rechazo a la poesía retórica y oficial de la época, su denuncia de la pobreza estrófica y rítmica en la que la encuentra sumida y su encono hacia los poetas de oficio, sólo sabedores de una misma lección. Son los que llama "poetas de *sonsonete*", los "endecasilabistas", "frasistas y originalistas", los imitadores que escriben "de segunda mano"; siempre enfrentados a los "poetas de verdad", a los que les nacen "las ideas y sentimientos en ritmo" de forma natural. La fuente de la inspiración debe ser la Naturaleza, no el libro, afirma en la carta segunda (*R.*, 7).

Esta concepción del Gran Todo, de la armonía y el ritmo universales, es también la que da base más tarde a sus negativas críticas de la poesía americana. Cada ser tiene su propia alma y emite un sonido, un canto, ordenado hacia aquellos sonidos que forman el himno de la naturaleza; si se rompe tal orden imitando notas extrañas al mismo ser, el himno se quiebra. Según Rueda, este es el proceso seguido por los jóvenes americanos que, abandonando su acento personal, esgrimen uno extraño, de procedencia foránea. Su defensa de la naturalidad, tal y como él la concibe dentro de su particular filosofía, llega más lejos cuando, haciendo política, entiende que los países latinoamericanos forman parte también, con España, de un espinazo imposible de romper, so pena de arruinar el orden natural. Es esta su teoría del *españolismo*, lo que otros, haciendo una campaña similar, prefirieron llamar *hispanoamericanismo* o *americanismo*.[64]

La poesía francesa cobra relieve en la distinción que realiza en la epístola cuarta entre dos tipos de concepción poética, dato interesante dada la *galomanía* de Rueda (vid. páginas xi-xii).[65] En *El ritmo* Rueda admite todavía la importancia de los modernos poetas de esta procedencia. Por ejemplo, cuando advierte la similitud del pensamiento de Darío y el de Banville, admite también, implícitamente, la de su propia teoría. Pese a la importante herencia zorrillesca, es difícil descartar esta influencia cuando defiende el valor del ritmo y la riqueza del mundo de las sensaciones en la poesía. En *El ritmo* manifiesta conocer a los poetas franceses, aunque para él sean sólo *versificadores*, que opone a los *endecasilabistas*. Si los segundos son imitadores faltos de personalidad, los primeros valen como "maestros de la métrica", calificación que aplica, en un primer momento, a Zorrilla y Banville, quienes, además de dominar todos los metros y combinaciones, inventan otros nuevos acordes con los asuntos que desean cantar (*R.*, 15-16). Más tarde, menciona entre los versificadores a los pertenecientes a otras escuelas de poesía francesa; en concreto, a parnasianos, decadentes, simbolistas "y demás *tallistas* de la frase" (*R.*, 16). Aunque tampoco son estos los poetas naturales anhelados, suponen una clase superior con respecto a los malos imitadores: "Por lo menos gozaremos de su fraseología quinta-esenciada, de su originalidad sorprendente, de sus metáforas rutilantes, de su saber, de su labor de cinceladura finísima, de sus estrofas marmóreas, de su gusto y elegancia" (*R.*, 16). En la carta décima muestra respeto hacia Gautier y Leconte de Lisle. Parece entender que en algunos caños de la poesía francesa, además de en la fuente directa del romanticismo zorrillesco, la poesía moderna puede beber aguas vivificadoras. En definitiva, aún no se trata del Rueda galófobo de años más tarde, cuando ni tan siquiera se permitirá escribir correctamente los nombres de los autores franceses, como medio de rechazo absoluto de todo lo que le aleje de las raíces más puras de la tradición española. Así se observa en la "Carta" a Narciso Alonso Cortés, ya de 1925:

> Y después de mi entrada de los campos a las ciudades, simbolizadas en Madrid [. . .] fue cuando primero *Asunción Silva, de Colombia*; *Julián Casal, de Cuba*; *Gutiérrez Nájera, de Méjico*, y, por último, *Rubén Darío, de Nicaragua*, trajeron, más éste que los anteriores, otro tren cargado con la *decadencia* [. . .], que, muertos Hugo, Muset [sic], Lamartín [sic] y demás dioses *mayores de la Francia grande*, crearon los diosecitos e idolitos. Mallarmé, Bodeler [sic], Verlén [sic], Moreas y toda una legión florecida entre las excentricidades del Barrio Latino de París. Todo ese *bagaje libresco*, todo ese *vicio de cultura*, detritus decadente, cayó sobre la salud de mi invasión de Naturaleza y forcejearon ambas tendencias.[66]

Sin embargo, debe tenerse en cuenta que Rueda no sabía francés y que, por lo tanto, sus conocimientos de la moderna poesía francesa son todos de segunda mano.

Pasando a otra línea de su exposición, en las cartas séptima, octava y novena ("Las palabras afónicas. Todo cuanto se escribe y se habla es ritmo", "Cuanto se escribe y se habla es ritmo" y "El acento"), Rueda se propone ofrecer testimonio de las posibilidades combinatorias métrico-rítmicas que posee el español hablado, susceptibles de ser trasladadas al ritmo poético. Con tal fin, plantea una curiosa experiencia: trasladar al verso un fragmento de un artículo político, en prosa, tomado del periódico madrileño *El Liberal*. Un difícil reto del que se concluyen ideas muy apreciables. Sobre el acento, pilar básico del nuevo concepto de ritmo para las nuevas generaciones una vez superado el sistema cuantitativo, también diserta en estas mismas epístolas con regular resultado.

La necesaria renovación rítmica

Si la Naturaleza es una gran *Orquesta*, el poema debe ser fiel a su diversidad. Este es el eje del pensamiento del malagueño en lo referente al ritmo del verso, que no se corresponde con la situación de la poesía española del momento, atada a ritmos heredados e incapaz de producir novedades por falta de buenos y naturales poetas. Para contrarrestar esta afonía que aqueja a la lírica española, su pobreza de ritmos y estrofas, Rueda propone un antídoto: la puesta en práctica de multitud de ritmos y combinaciones métricas. Tal proyecto de renovación debe partir de un principio básico: la forma no debe ser impuesta al concepto, objeto o sentimiento, sino intuida, pues brota de él, formando una unidad ("*lo que se exprese ha de ir dentro de un ritmo que le sea propio*", R., 38). En otras palabras, "la idea va disuelta en música". Desde que Clarín, en la carta-prólogo a *Cantos de la vendimia*, se refiriese de esta manera a sus versos, Rueda repitió la misma idea con mucha frecuencia (un ejemplo:"El ritmo es seguramente idea", R., 35). Con este propósito, el poeta verdadero —diría Rueda— sólo debe seguir la atracción del *himno*; en definitiva, penetrar el alma de cada objeto y ofrecerlo en su expresión rítmica. Lo explicaba en "El peso de las palabras":

> En una poesía que esté hecha por la inspiración no hay palabras [. . .], aunque haya tantas como en una larga poesía de Zorrilla: en una poesía así, todo es música, todo es ritmo; las voces están *fundidas*, materialmente fundidas, sin hipérbole de ningún genero, en el troquel del ritmo; toda ella es una *inspirada forma musical*; el léxico es emoción, y para nada recuerda uno el adjetivo, el sustantivo, el gerundio; todo es melodía, es idea, es vibración, es alma. Así se cuajan las obras del poeta verdadero en su espíritu.[67]

Rueda siempre tuvo muy a gala el contarse entre los iniciadores de la ruptura métrica finisecular a favor de un sistema métrico más flexible y acomodado a la libre expresión poética; coincide con las propuestas del modernismo en su concepto ante todo musical de la poesía y en el establecimiento de una estrecha relación entre sonoridad y sentido. El modernismo, en su predilección por el verso, ensayó diferentes caminos para alcanzar esta meta común; el resultado es la extensa y rica gama polimétrica y rítmica heredada por la poesía contemporánea. La finalidad era lograr una lírica envolvente y sugeridora.

Siguiendo a Verlaine, escribía Rubén Darío al frente de *Prosas profanas* (1896): "Cada palabra tiene un alma, hay en cada verso, además de la armonía verbal, una melodía ideal. La música es de la idea, muchas veces".[68] También él rompió con la distinción entre forma y fondo: ritmo y sentido no pueden ser concebidos por separado; sin embargo, sus atrevidas renovaciones llegaron más lejos que las de Rueda, hasta el punto de lograr que su verso alcanzase esa "virtud de la elasticidad", como lo llamase Gerardo Diego.[69]

Según se vio, las preceptivas más modernas ya habían concluido la independencia del ritmo con respecto al número de sílabas y acentos para vincularlo a la regularidad de la distribución del acento. Las novedades ofrecidas en *El ritmo* parten de igual teoría : "el acento es el ritmo mismo [. . .]; el ritmo no está en el número de sílabas, como creen muchos *retóricos*, sino en el acento" (*R.*, 39). El sistema de cláusulas métricas defendido por Bello y Benot descansaba en este principio: el ritmo se define por la reiteración de una serie de cláusulas métricas acentuadas en el mismo lugar. Se vuelve, en definitiva, al concepto de pie métrico, pero sustituyendo cantidad por intensidad. Se construyen, así, versos de ritmo binario, ternario, cuaternario o quinario, y se subraya que lo fundamental es el ritmo, no la medida.[70]

En consecuencia, Rueda actúa directamente contra el sistema métrico fijo y mecánico castellano que considera sólo catorce metros (desde el monosílabo, pues piensa que existen versos de una sílaba métrica, hasta el alejandrino) y éstos sujetos a un único esquema rítmico inamovible. Como réplica, arguye ejemplos de dos diferentes tipos de endecasílabo tomados de Leandro Fernández de Moratín y de Rubén Darío, de acentuación dispar (*R.*, 40-41),[71] para demostrar las posibilidades combinatorias del ritmo en castellano. Rueda defiende la necesidad de que la mecánica del verso ceda paso a una mayor flexibilidad y naturalidad; de esta forma, el acento recaerá siempre en la sílaba adecuada para la expresión del sentimiento y no en la legislada por la preceptiva. En un ejercicio similar al realizado por Asenjo Barbieri con frases del *Quijote* (vid. página xx más arriba), "traduce" al verso un fragmento de *El Liberal*, previamente segmentado en periodos rítmicos, a fin de probar el ilimitado número de ritmos existentes en el habla común ("*todo lo que nuestros ojos leen y todo lo que nuestros labios hablan* es metro y ritmo", *R.*, 30), del que puede nutrirse el poeta para vivificar el anquilosado lenguaje poético. Cada segmento impone un ritmo y una medida que Rueda trata de adecuar a una idea (aunque advierta que no pretende componer textos de calidad).

Las combinaciones resultantes son indicativas de las singularidades ofrecidas por Rueda en su obra poética. Novedosos son el soneto heptadecasílabo ("Resonando entre la orgía el estrépito de las copas"), de ritmo cuaternario (8 + 9), en cuyos tercetos se introduce la variedad CCD / EED, muy utilizada por parnasianos y simbolistas y por los modernistas en general; el soneto tridecasílabo ("Al descender por las selváticas laderas"), de ritmo ternario (5 + 4 + 4), que repite igual rima en los tercetos; los dodecasílabos ternarios ("De los últimos amores de mi vida"; 4 + 4 + 4, acentos en 3ª, 7ª y 11ª); los dodecasílabos dactílicos ("La conspiración hacia aquí se aproxima"; 6 + 6, acentuación anfibráquica), agrupados en cuartetos de rima consonante alterna; el caprichoso agudo ("En el salón el estruendo del festín"), con estribillo también agudo y rima interna; el tetradecasílabo ("De los émbolos el trabajar acompasado") dividido en tres cláusulas, 5 + 5 + 4 (acentos en 3ª, 9ª y 13ª); y los eneasílabos finales —metro revalorizado por el modernismo—, el último de ellos agudo (*R.*, 31-37).

En el uso de metros como el dodecasílabo ternario cabe admitir su prelación (como hace Navarro Tomás: "[Rueda se sitúa] en la avanzada de los renovadores de la versificación modernista");[72] de la misma manera, habría que admitirla en el manejo de la nueva combinación de la rima de los tercetos del soneto, de procedencia francesa. En conjunto, Rueda ofrece con el ejercicio desarrollado en *El ritmo* muestras de su versatilidad rítmica, renovadora para aquellas fechas (cosa distinta es referirse a primicias). En su rechazo a la tiranía de esquemas y cesuras ordenadas, ofrece un testimonio práctico (y era su finalidad) de la variedad de ritmos del lenguaje.

Si bien expuesta rudimentariamente, no se puede negar el carácter novedoso de la teoría ofrecida por *El ritmo* en el marco poético español del fin de siglo. Aquí brilla el Rueda que usa una extensa gama polimétrica inspirada en los metros clásicos y tradicionales, que desarrolla la inquietud renovadora sembrada por Zorrilla, indudable precursor del modernismo. Como concluye el profesor Cristóbal Cuevas, pese a no haber inventado ningún metro verderamente nuevo —en contra de lo que él creía—, sus aportaciones son fundamentales tanto para la generación modernista como para la poesía posterior.

Final

De la polémica entablada en torno a los frentes Darío-joven poesía americana y Rueda-vieja poesía española, la obra del segundo salió deslucida. En fechas muy delicadas (sus viajes a América se inician en 1910), la obra de Rueda tendió a polarizar la representación de lo *español* frente a lo *americano*, lo que al final actuó en su contra. Como símbolo de la hispanidad lo elevaba Manuel Prados y López en *Salvador Rueda, el poeta de la Raza* (1941); los contrarios a tal hermandad, consecuentemente, habían de denostarle.

Hoy se puede estar de acuerdo en que las renovaciones llevadas a la práctica por Rueda no son un reflejo de las de Rubén, como defendiese Max Henríquez Ureña en su *El retorno de los galeones (Bocetos hispánicos)* (1930). "Parece claro —afirma Cuevas— que Salvador Rueda no conocía composiciones suyas —ni de Casal— antes de 1892", fecha en la que ya había ofrecido muestras suficientes de su inquietud renovadora.[73] Tampoco hay que caer en el extremo contrario, como hacía González-Blanco en 1898, y calificarle de "mesías de la poesía española".[74] En el reto de infundir nueva vida al verso español, Rueda sale vencedor. Pese a la confusión parcial de lo expuesto en *El ritmo*, esta obra es la mejor síntesis de sus postulados de reforma rítmica en el periodo del despertar modernista en España.

Ahora bien, la importancia de su talante original sufre a causa de su propio estancamiento en las raíces tradicionales españolas, sustrayéndose a la influencia foránea; permaneció anclado en los ritmos nuevos pero fijos y regulares, mientras Rubén y otros poetas americanos avanzaron hacia una anarquía rítmica, creadora de una nueva armonía, más libre y moderna. El ritmo calculadamente roto de los versos del malagueño termina siendo excesivamente monótono.

Si, como puntualizan Guillermo Carnero y Richard Cardwell, uno de los aspectos formales que aproxima a Rueda al modernismo es el preciosismo de su lenguaje, ha de advertirse la contundencia y el carácter exterior de su verbo, su sonoridad y colorismo extremos, deudores de Zorrilla. En la poesía de Rueda, la "música de las ideas" quedó en "música del verbo". Más cercano al parnasianismo que a otras escuelas finiseculares, le perdió el gusto por la palabra y el metro sonoros, su amor sincero por la belleza natural que el lenguaje ritmado le permitió engrandecer. Ante todo es un poeta instintivo, y es bajo estas consideraciones como cabe entender juicios como el de Fogelquist: "[Rueda fue] un gran poeta que escribió mucha mala poesía".[75]

Rueda (como Manuel Reina o Ricardo Gil) es un autor todavía dentro de los círculos literarios de los restauradores, de la llamada "gente vieja", ajeno al espíritu del modernismo. Sin embargo, ya desde su propia época los poetas y críticos restauradores advertían la impronta nueva que sus versos traían a la poesía española. Así, Emilio Ferrari, declarado antimodernista, se refería en los siguientes términos a la obra de Reina y Rueda, a los que suma a Carlos Fernández Shaw, también de inquietudes renovadoras:

> Más sensibles a ideas extranjeras, MANUEL REINA y SALVADOR RUEDA pulsan en su lira la cuerda moderna, cantando el primero las sensuales elegancias en estrofas opulentas, y poseído el segundo por el ansia de la novedad y la embriaguez del color, derrochando en rimas ricas y en caprichos métricos brillantes y sonoros. Todavía adolescente dio CARLOS FERNÁNDEZ SHAW tan precoces como gallardas muestras de estro elevado y poderoso, que secundado por singulares dotes de recitador proporcionáronle notables triunfos en las lecturas públicas. Reina se distingue por el vigor plástico, Rueda por el colorido, Shaw por la entonación.[76]

Llama la atención el que Ferrari no niegue la obra de los poetas mencionados por su adscripción moderna; tal vez les veía aún próximos a él mismo. La ruptura definitiva la llevaría a cabo la generación siguiente, la que apreciará de forma abierta la poesía de Darío. Rueda, Reina, Gil, junto a otros ya mencionados (vid. página x), inician, sin embargo, una nueva actitud ante el hecho poético y adoptan nuevos modos de expresión que merecen ser tenidos en cuenta; son ya poetas *modernos* o *modernistas* (pienso que hay que abandonar el ambiguo marbete *premodernistas*). En cuanto a Rueda, el objetivo de esta edición no es reivindicar su obra, ni alzarla por encima de la de otros autores. Entiendo y aprecio la evidente superioridad de la poesía de Rubén Darío y de otros autores americanos sobre la del malagueño, pero su pensamiento merece ser considerado con independencia de cotejos en muchos casos desvirtuadores. La lectura de *El ritmo* (divertida, además) es una manera de hacerlo.

LA EDICIÓN

Exceptuando las cartas publicadas en *La Ilustración Ibérica*, únicamente se publica *El ritmo. Crítica contemporánea* en 1894, en el volumen IV de la "Biblioteca Rueda" (Madrid, M. G. Hernández), junto a una serie de artículos independientes de los que se prescinde aquí. Este es el texto que se reproduce fielmente en la presente edición. Salvo escasas correcciones donde se hacía difícil la lectura, se ha respetado la puntuación en el deseo de respetar el tono peculiar del autor. Por el contrario, se ha modernizado la ortografía y corregido algunas erratas. En las notas al texto se ofrecen los datos bibliográficos completos de todos los estudios utilizados, a excepción de aquellos incluidos en la bibliografía, que no repito.

NOTAS

[1] Puesto que la carta de Yxart y la primera de Rueda figuraron como I y II, la última aparecida en la *La Ilustración Ibérica*, la número V, corresponde a la IV del texto de *El ritmo* editado aquí, ya que no se cuenta la carta de Yxart en la numeración.

[2] "Hemos recibido la última producción de nuestro querido colaborador y amigo el notable literato D. Salvador Rueda. Dicha obra está llamada a despertar la atención del público, por las atrevidas y valientes opiniones que sustenta. / De venta al precio de 2 pesetas ejemplar en las principales librerías", núm. 145 (10 febrero 1894), 96. El volumen de *El ritmo* apareció con la siguiente dedicatoria: "Al Ilustrísimo Señor / Don José Sánchez Guerra / Subsecretario del Ministerio de Ultramar. / Su amigo, / Salvador Rueda. / Madrid, 1893".

[3] *En tropel. Cantos españoles*, 2ª edición, Madrid, Tip. de Manuel G. Hernández, 1893, 181-185 (1ª edición de 1892).

[4] Con este propósito, analiza Cristóbal Cuevas el poema "La tempestad", contenido en *Noventa estrofas*. Vid. "Romanticismo y Modernismo en el primer Salvador Rueda", *Homenaje a Pedro Sáinz Rodríguez*, tomo I, Madrid, Fundación Universitaria Española, 1986, 409-426.

[5] Cfr. J. M.ª de Cossío, *Cincuenta años de poesía española (1850-1900)*, tomo I, Madrid, Espasa-Calpe, 1960, especialmente 1.332-1.333; N. Alonso Cortés, "Armonía y emoción en Salvador Rueda", *Cuadernos de Literatura Contemporánea*, 7 (1943), 36-48, especialmente 36-39; C. Cuevas, "Ensayo introductorio" a Salvador Rueda, *Canciones y poemas. Antología concordada de su obra poética*, Madrid, C.E.U.R.A., 1986, XXX-XXXI. Puede consultarse también de Miguel D´Ors, *La "Sinfonía del año" de Salvador Rueda*, Pamplona, Universidad de Navarra, 1973.

[6] Carta-prólogo a *Cantos de la vendimia*, Madrid, Gran Centro Editorial, 1891, 15.

[7] *Cantando por ambos mundos*, Madrid, Imp. Española, 1914, XIII.

[8] A este respecto, José M.ª Martínez Cachero, "Algunas referencias sobre el antimodernismo español", *Archivum*, 3 (septiembre-diciembre 1953), 311-333, y "Salvador Rueda y el Modernismo", *Boletín de la Biblioteca Menéndez Pelayo*, 34 (1958), 41-61.
Para comprender la causa de los contradictorios juicios de *Clarín* con respecto a Rueda y al modernismo en general, vid. Sergio Beser, *Leopoldo Alas, crítico literario*, Madrid, Gredos, 1968, y Adolfo Sotelo Vázquez, *Leopoldo Alas y el fin de siglo*,

Barcelona, Promociones y Publicaciones Universitarias, 1988, especialmente 71-128 y 139-145.

9 Puede verse esta reseña (*"Azul* ... A Don Rubén Darío") en el tomo IV de las *Obras completas* de Juan Valera, 2ª edición, Madrid, Aguilar, 1947, 289-298.

10 "Los poetas", publicado en *La Nación* (Buenos Aires) y fechado en Madrid, el 14 agosto 1899. Luego en *España contemporánea*, *Obras completas*, tomo III, Madrid, Afrodisio Aguado, 1950, 255.

11 Para Rueda, Darío es "el que del lado allá del mar ha hecho la revolución de la poesía", "Nota" a *En tropel*, 11.

12 "Ensayo introductorio", XXXIX.

13 Vid. su "Carta" a Narciso Alonso Cortés, incluida en el artículo de este último, "Salvador Rueda y la poesía de su tiempo", *Artículos histórico-literarios*, Valladolid, Imp. Castellana, 1935, 178-210; especialmente, 180 y 199-200.

14 *Apolo en Pafos (Interview)*, Madrid, Librería de Fernando Fe, 1887. Utilizo la edición preparada por Adolfo Sotelo Vázquez, Barcelona, Promociones y Publicaciones Universitarias, 1989.

15 Así se comprueba en los índices preparados por M.ª del Pilar Celma Valero, *Literatura y periodismo en las revistas de fin de siglo. Estudio e índices (1888-1907)*, Madrid, Júcar, 1991, y en los míos de *La Ilustración Española y Americana, Gusto poético y difusión literaria en el realismo español.* "*La Ilustración Española y Americana*", *1850-1900*, Sevilla, Alfar, 1990.

16 Introducción a Francisco A. de Icaza, *Efímeras & Lejanías*, Exeter Hispanic Texts, XXXVI, Exeter, University, 1983, V. En *Juan R. Jiménez: the Modernist Apprenticeship (1895-1900)*, Berlín, Colloquium Verlag, 1977, el profesor Cardwell rechaza la consideración íntegra y única del modernismo y defiende la existencia de distintas manifestaciones modernistas, aunque conectadas.

17 "Todavía sobre *El ritmo*", *La Gran Vía*, núm. 100 (26 mayo 1895). Federico Escobar, de Panamá, es autor de *Patrióticas* (Panamá, s.e., s.a., pero con un prólogo fechado en 1909), colección de poemas de corte quintanesco. En su prólogo el también poeta Justo A. Facio la destaca por su originalidad y frescura, al margen del "modernismo enfermizo", ajeno al espíritu americano, aunque indique que tal escuela tiene "representantes ventajosamente calificados en la literatura militante de España y América" (página V).

18 "Carta" a N. Alonso Cortés, 208. Darío había muerto en 1916; Rueda se puede permitir ser tajante en sus afirmaciones con la seguridad de no recibir contestación.

¹⁹ "Dos palabras sobre la técnica literaria", carta a Miguel de Unamuno, *Revista Nueva* (julio 1899). Artículo reproducido por Ricardo Gullón, *El modernismo visto por los modernistas*, Barcelona, Guadarrama, 1980, 185-189. Cita de página 185.

²⁰ "El *colorista* nacional", *Prosas críticas*, ed. de Pilar Gómez Bedate, Madrid, Taurus, 1981, 64.

²¹ "Dos palabras...", 185.

²² Cfr. Andrés González-Blanco, *Los grandes maestros. Salvador Rueda y Rubén Darío. Estudio cíclico de la poesía española en los últimos tiempos*, Madrid, Gregorio Pueyo, 1908, 230.

²³ N. Alonso Cortés, "Salvador Rueda y la poesía de su tiempo", 166; J. M.ª de Cossío, *Cincuenta años de poesía...*, 1.336; Richard Cardwell, "Rubén Darío y Salvador Rueda; dos versiones del modernismo", *Revista de Literatura*, 45, 89 (1983), 55-72, cita de la página 64; Donald F. Fogelquist, *Españoles de América y americanos de España*, Madrid, Gredos, 1968, 104.

²⁴ Sobre estas polémicas vid. Marta Palenque, *El poeta y el burgués (Poesía y público 1850-1900)*, Sevilla, Alfar, 1990.

²⁵ Incluido con el título "Discurso sobre la poesía" en la octava edición de *Gritos del combate*, Madrid, Librería de Fe, 1930, 249-325, por la que cito.

²⁶ "Un discurso de Núñez de Arce", *Folletos literarios*, IV, Madrid, Librería de Fe, 1888, 53-132, y "Pequeños poemas en prosa", *La Ilustración Española y Americana*, 14 (15 abril 1888), 246-247. Sobre la cuestión, Fernando González Ollé, "Prosa y verso en dos polémicas decimonónicas: Clarín contra Núñez de Arce y Campoamor contra Valera", *Boletín de la Biblioteca Menéndez Pelayo*, 39 (1963), 208-227, y "Del Naturalismo al Modernismo: los orígenes del poema en prosa y un desconocido poema de Clarín", *Revista de Literatura*, 25, 49-50 (1964), 49-67.

²⁷ "Discurso sobre la poesía", 283 y 282 respectivamente.

²⁸ Ídem, 283-284.

²⁹ Ídem, 303.

³⁰ "Un discurso de Núñez de Arce", 115.

³¹ "Del Naturalismo al Modernismo...", 57.

³² Cito por González Ollé, "Del Naturalismo al Modernismo...", 53, que reproduce el trabajo de *Clarín*.

[33] *Poética*, Madrid, Victoriano Suárez, 1883, 113.

[34] Polémica publicada con el título "La metafísica y la poesía", en Juan Valera, *Obras completas*, tomo II, 1949, 1.630-1.693.

[35] Ídem, 1.636. Escribe Campoamor a continuación: "¿Qué también hay poesía en la prosa? Seguramente [. . .]. La poesía puede estar en la prosa como están las pepitas de oro entre las arenas del Tajo. Sólo a aquéllas el arte las cierne, las funde y las convierte en alhajas, en las cuales se engarzan las piedras preciosas. Entre la prosa y el verso hay la diferencia que existe entre los polvos dorados de una salbadera y las coronas reales" (ídem). Vid. también 1.666.

[36] *España contemporánea*, 34-35. Vid. nota 4 al texto.

[37] Vid. nota 41 al texto.

[38] *Contribución a la historia de las teorías métricas en los siglos XVIII y XIX*, Madrid, C.S.I.C., 1975. Sobre el mismo tema, Emilio Díez Echarri, "Métrica modernista: innovaciones y renovaciones", *Revista de Literatura*, 11, 21-22 (1957), 102-120. Vid. también Francisco López Estrada, *Métrica española del siglo XX*, Madrid, Gredos, 1969.

[39] *Prosodia castellana y versificación*, Madrid, Juan Sánchez, s.a., 18-19.

[40] "Un capítulo de versificación modernista. El poema de cláusulas métricas", *Bulletin Hispanique*, 76 (1974), 286-315, especialmente 304.

[41] Manuel Machado, "Los poetas de hoy" (1911), en *La guerra literaria*, ed. de M.ª del Pilar Celma y Javier Blasco, Madrid, Narcea, 1981, 99; Rubén Darío, prólogo a *El canto errante*, *Obras completas*, tomo V, 946.

[42] *Contribución a la historia de las teorías métricas. . .*, especialmente 25-26.

[43] "La música en la lengua castellana (Discurso pronunciado en la Real Academia Española de la Lengua)", *La España Moderna*, 40 (15 abril 1892), 146-160. Fue contestado por Marcelino Menéndez Pelayo, ídem, 41 (15 mayo 1892), 167-178.

[44] A ello se refiere en "El *peso* de las palabras (capítulo traspapelado de mi libro *El ritmo*", incluido en la tercera edición de *El cielo alegre*, Biblioteca Selecta 79, Valencia, Pascual Aguilar, s.a. [¿1910?], 159-166.

[45] *Lenguas de fuego. Cantos al Misterio, al Hombre y a la Vida*, Madrid, Imp. de José Rueda, 1908, 157.

[46] *La guerra literaria*, 99.

[47] "La juventud de España", nota aparecida en *La Gran Vía*, núm. 102 (9 junio 1895), s.p.

[48] Me refiero a P. Gener, *Literaturas malsanas. Estudios de patología literaria contemporánea*, Barcelona-Madrid, J. Llordachs-F. Fe, 1894, y José M.ª Llanas Aguilaniedo, *Alma contemporánea. Estudio de estética* (1899); hay una excelente edición preparada por Justo Broto Salanova, Huesca, Instituto de Estudios Altoaragoneses, 1991.

[49] Julio Cejador añade otro texto titulado *Mi estética*, indicando su publicación en *Mercurio* de Nueva Orleáns (*Historia de la lengua y literatura castellana*, IX, ed. facsímil, Madrid, Gredos, 1972, 369), que no he podido localizar. Podría tratarse de la carta que, con el mismo título, dirige Rueda a Julio Casares hacia 1917. Esta carta es reproducida parcialmente en el artículo de Anna W. Ashhurst "Rubén Darío y Salvador Rueda" (*Cuadernos Hispanoamericanos*, 298 [1975], 177-189) y mencionada también por Fogelquist y otros autores. En ella Rueda insiste en similares argumentos a los expuestos hasta ahora: "[...] antes de que ninguno, ni uno sólo de los poetas y literatos que han vivido y viven hicieran modernismo, yo había dado a luz mi obra *El ritmo* [...]". Vid. Ashhurst, especialmente pp. 185-189. Cita de la página 186.

[50] Especialmente en mi libro *El poeta y el burgués (Poesía y público, 1850-1900)*, 171 y ss.

[51] Campoamor, *Poética*, 72. Vid. también otras referencias al respecto en la "Introducción sinfónica" y en las "Cartas literarias a una mujer" de Bécquer.

[52] *Poética*, 119; Bécquer, "Reseña a *La soledad* de Ferrán", en *Rimas y declaraciones poéticas*, ed. de F. López Estrada, Madrid, Espasa-Calpe, 1977, 256.

[53] *Poética*, 20 y 90; *Gritos del combate*, 2ª edición, Madrid, Librería de Fe, 1880, XXI y XXII; "Color y música", 185.

[54] "Color y música", 181-182.

[55] Ídem, 183.

[56] *El personalismo. Apuntes para una filosofía*, *Obras completas*, tomo I, Madrid, Felipe González Rojas editor, 1901, 279.

[57] Bienvenido de la Fuente, *El modernismo en la poesía de Salvador Rueda*, Frankfurt, Peter Lang, 1976, 88 y ss.

[58] Octavio Paz, *Los hijos del limo*, Barcelona, Seix Barral, 1974; Ricardo Gullón, *Direcciones del Modernismo*, Madrid, Alianza, 1990.

⁵⁹ *Cantando por ambos mundos*, XV y XVI. Vid. el artículo de Richard Cardwell, "Rubén Darío y Salvador Rueda...".

⁶⁰ *Cantando por ambos mundos*, XVI.

⁶¹ Cuando reviso y corrijo la maquetación de esta edición llega a mis manos el libro de Katharina Niemeyer, *La poesía del premodernismo español*, Madrid, C.S.I.C., 1992. Con respecto a la filiación del pensamiento filosófico expuesto por Rueda en *El ritmo* y otros varios textos de teoría y creación afirma Niemeyer la influencia del "armonicismo" defendido por varios filósofos españoles desde el primer tercio del siglo XIX, que cobra relieve especial con la recepción de las tesis del "racionalismo armónico" krausista (vid. punto 3.1.2.3. de su libro). Cita la mencionada autora un interesante artículo al respecto: Diego Núñez Ruiz, "Panteísmo y liberalismo en el siglo XIX español", *Cuadernos Hispanoamericanos*, 379 (enero 1982), 11-36.

⁶² *Los hijos del limo*, 89 y ss.

⁶³ "Los melódicos y los instrumentales", 164.

⁶⁴ No cabe extenderse aquí en este asunto. Testimonios interesantes se incluyen en mi "América como milagro en la obra poética de Salvador Rueda", *VI Jornadas de Andalucía y América*, tomo II, Sevilla, Escuela de Estudios Hispano-Americanos (C.S.I.C.), 1987, 15-43.

⁶⁵ Vid. también nota 29 al texto.

⁶⁶ "Carta" a Alonso Cortés, 179.

⁶⁷ "El peso de las palabras", 163-164.

⁶⁸ *Obras completas*, tomo V, 22.

⁶⁹ "Ritmo y espíritu en Rubén Darío", *Cuadernos Hispanoamericanos*, 212-213 (agosto-septiembre 1967), 247-264. Del mismo autor, vid. "Salvador Rueda", *Cuadernos de Literatura Contemporánea*, 7 (1943), 49-54. Bienvenido de la Fuente realiza un resumen de conjunto de las novedades métricas aportadas por Rueda en su libro *El modernismo en la poesía de Salvador Rueda*, 155-202. Concluye de la Fuente: "En todo caso en *El ritmo*, no llegando Rueda a exponer sino algunas generalidades sobre ritmo y versificación, creemos que se encuentran los postulados más decididos de reforma métrica escritos en los comienzos del movimiento modernista en España" (165).

⁷⁰ Vid. Díez Echarri, "Métrica modernista...".

⁷¹ Vid. también notas 64 y 65 al texto.

[72] *Métrica española*, 1ª edición, Barcelona, Labor, 1991, nota 56, 467-468.

[73] "Ensayo introductorio" a Salvador Rueda, *Canciones y poemas*, CIII. Puede consultarse también Luis Andrade, *México en España*. Con un prólogo de Salvador Rueda, Biblioteca de Escritores de la Raza, Madrid, Ed. Hispánica, 1919.

[74] *Los grandes maestros...*, 109. Vid. también los desmesurados elogios que le dedica Juan Antonio Tamayo, "Salvador Rueda o el ritmo", *Cuadernos de Literatura Contemporánea*, 7 (1943), 3-35.

[75] *Españoles de América...*, 110.

[76] Ferrari, "De la lírica española contemporánea", artículo reproducido por José María Martínez Cachero en las páginas 220-228 de "La obra de Emilio Ferrari", *Archivum*, 10, 1-2 (enero-diciembre 1960), 137-228. Cita de la página 226. Además de los trabajos citados, pueden verse acerca de la filiación modernista de Rueda y su cotejo con la obra de Darío, J. L. Cano, "Rubén Darío y Salvador Rueda", *Poesía española del siglo XX*, Madrid, Guadarrama, 1960, 49-59; Rafael Ferreres, "Diferencias y coincidencias entre Salvador Rueda y Rubén Darío", *Los límites del Modernismo y del 98*, Madrid, Taurus, 1964, 73-81; Guillermo Carnero, "Salvador Rueda: teoría y práctica del modernismo", *Actas del Congreso Internacional sobre el modernismo español e hispanomericano* (Córdoba, octubre 1985), Córdoba, Diputación Provincial, 1987, 277-306; Guillermo Díaz-Plaja, *Modernismo frente a Noventa y Ocho*, Madrid, Espasa-Calpe, 1979.

BIBLIOGRAFÍA CITADA

1) OBRAS DE RUEDA

Camafeos. Poesías, Sevilla, Imp. de La Andalucía Moderna, 1897.
Canciones y poemas. Antología concordada de su obra poética, ed. de Cristóbal Cuevas, Madrid, C.E.U.R.A., 1986 (hay otra edición con el título *Gran antología de Salvador Rueda*, tres tomos, Málaga, Arguval, 1989).
Cantando por ambos mundos, Madrid, Imp. Española, 1914.
Cantos de la vendimia. Con una carta-prólogo de Leopoldo Alas, *Clarín*, Madrid, Gran Centro Editorial, 1891.
"Carta" a Narciso Alonso Cortés, en Narciso Alonso Cortés, "Salvador Rueda y la poesía de su tiempo", *Artículos histórico-literarios*, Valladolid, Imp. Castellana, 1935, 178-210.
"Color y música", apéndice a *En tropel. Cantos españoles*, 2ª edición, Madrid, Tip. de Manuel G. Hernández, 1893, 181-185.
"Dos palabras sobre la técnica literaria", *Revista Nueva* (julio 1899); en Ricardo Gullón, *El modernismo visto por los modernistas*, Barcelona, Guadarrama, 1980, 185-189.
El bloque. Poema, Madrid, Tip. de los Hijos de M. G. Hernández, 1896.
El César. Poema, Madrid, Tip. de los Hijos de M. G. Hernández, 1898.
El país del sol. España, Madrid, Imp. de A. Marzo, s.a. [1910].
El patio andaluz. Cuadros de costumbres, Madrid, Imp. Manuel Rosado, 1886.
"El *peso* de las palabras (capítulo traspapelado de mi obra *El ritmo*", *El cielo alegre*, 3ª edición, Biblioteca Selecta 79, Valencia, Pascual Aguilar, s.a. [¿1910?], 159-166.
El ritmo. Crítica contemporánea, Biblioteca Rueda, volumen IV, Madrid, Tip. de los hijos de M.G. Hernández, 1894.
En tropel. Cantos españoles. Con un pórtico de Rubén Darío, 2ª edición, Madrid, Tip. de Manuel G. Hernández, 1893.
Estrellas errantes, Madrid, Tip. de El Crédito Público, 1889.
Fornos. Poema en seis cantos, Madrid, Tip. de los Hijos de M. G. Hernández, 1896.
Fuente de salud. Con un prólogo de Miguel de Unamuno, Madrid, Imp. de J. Rueda, 1906.
"Gatos y liebres", *La Ilustración Ibérica*, núm. 438 (11 julio 1891), 6.
La bacanal. Desfile antiguo, Madrid, Tip de M. G. Hernández, 1893.
"La juventud de España", *La Gran Vía*, núm. 102 (9 junio 1895), s.p.
La procesión de la Naturaleza. Poema, Madrid, Imp. de J. Rueda, 1908.

Lenguas de fuego. Cantos al Misterio, al Hombre y a la Vida, Madrid, Imp. de José Rueda, 1908.
"Los melódicos y los instrumentales. La copa francesa y la copa natural", *El Nuevo Mercurio*, núm. 2 (febrero 1907), 161-170.
Noventa estrofas. Con una carta de Gaspar Núñez de Arce, Madrid, Libr. de Fe, 1883.
Piedras preciosas. Cien sonetos, 2ª edición , Madrid, Imp. de A. Pérez y Cía., 1901.
Poema nacional. Costumbres populares , Madrid, Tip. de Ricardo Fe, 1885.
"Prólogo" a Luis Andrade, *México en España*, Biblioteca de Escritores de la Raza, Madrid, Ed. Hispánica, 1919.
Renglones cortos (Ensayos literarios), Madrid-Málaga, Tip. de El Mediodía, 1880.
Sinfonía callejera,Madrid, Tip. de los Hijos de M.G. Hernández, 1893.
Sinfonía del año. Poema, Madrid, Imp. La Publicidad, 1888.
Trompetas de órgano. Con un prólogo de M. Ugarte, Madrid, Imp. P. Fernández, 1907.

2) OBRAS SOBRE RUEDA

ALAS, Leopoldo, *CLARÍN*, "Carta-prólogo" a *Cantos de la vendimia*, Madrid, Gran Centro Editorial, 1891, 11-22.
-------------- "Cartas a Salvador Rueda, I", *Los Madriles* (20 julio 1889), 3.
-------------- "Vivos y muertos. Salvador Rueda. Fragmentos de una semblanza", *Madrid Cómico*, 13, núm. 566 (23 diciembre 1893), 3 y 6; y núm. 567 (30 diciembre 1893), 3.
ALONSO CORTÉS, Narciso, "Armonía y emoción en Salvador Rueda", *Cuadernos de Literatura Contemporánea*, 7 (1943), 36-48.
-------------- "Salvador Rueda y la poesía de su tiempo", *Artículos histórico-literarios*, Valladolid, Imp. Castellana, 1935, 151-210.
ANÓNIMO, Reseña de *El ritmo*, *Blanco y Negro*, núm. 145 (10 febrero 1894), 96.
ANÓNIMO (¿Salvador Rueda?), "Todavía sobre *El ritmo*", *La Gran Vía*, núm. 100 (26 mayo 1895), s.p.
ASHHURST, A. W., "Rubén Darío y Salvador Rueda", *Cuadernos Hispanoamericanos*, 298 (1975), 177-189.
CANO, José Luis, "Rubén Darío y Salvador Rueda", *Poesía española del siglo XX*, Madrid, Guadarrama,1960, 49-59.
CARDWELL, Richard, "Rubén Darío y Salvador Rueda; dos versiones del modernismo", *Revista de Literatura*, 45, 89 (1983), 55-72.
CARNERO, Guillermo, "Salvador Rueda: teoría y práctica del modernismo", *Actas del Congreso Internacional sobre el modernismo español e hispanoamericano* (Córdoba, octubre 1985), Córdoba, Diputación Provincial, 1987, 277-306.

COSSÍO, José María de, "Salvador Rueda", *Cincuenta años de poesía española (1850-1900)*, tomo I, Madrid, Espasa-Calpe, 1960, 1.330-1.342.

CUEVAS, Cristóbal, "Ensayo introductorio" a Salvador Rueda, *Canciones y poemas. Antología concordada de su obra poética*, Madrid, C.E.U.R.A., 1986, XIX-CLI.

--------------- "Romanticismo y Modernismo en el primer Salvador Rueda", *Homenaje a Pedro Sáinz Rodríguez*, tomo I, Madrid, Fundación Universitaria Española, 1986, 409-426.

DÍAZ-PLAJA, Guillermo, *Modernismo frente a Noventa y Ocho*, Madrid, Espasa-Calpe, 1979.

DIEGO, Gerardo, "Salvador Rueda", *Cuadernos de Literatura Contemporánea*, 7 (1943), 49-54.

D'ORS, Miguel, *La "Sinfonía del año" de Salvador Rueda*, Pamplona, Universidad de Navarra, 1973.

FERRERES, Rafael, "Diferencias y coincidencias entre Salvador Rueda y Rubén Darío", *Los límites del Modernismo y del 98*, Madrid, Taurus, 1964, 73-81.

FUENTE, Bienvenido de la, *El modernismo en la poesía de Salvador Rueda*, Frankfurt, Peter Lang, 1976.

FOGELQUIST, Donald F., "Salvador Rueda y Rubén Darío", *Españoles de América y americanos de España*, Madrid, Gredos, 1968, 89-112.

GONZÁLEZ-BLANCO, Andrés, *Los grandes maestros. Salvador Rueda y Rubén Darío. Estudio cíclico de la poesía española en los últimos tiempos*, Madrid, Gregorio Pueyo, 1908.

JIMÉNEZ, Juan Ramón, "El *colorista* nacional", *Prosas críticas*, ed. de Pilar Gómez Bedate, Madrid, Taurus, 1981, 63-67.

MARTÍNEZ CACHERO, José María, "Salvador Rueda y el Modernismo", *Boletín de la Biblioteca Menéndez Pelayo*, 34 (1958), 41-61.

NIEMEYER, Katharina, *La poesía del premodernismo español*, Madrid, C.S.I.C., 1992.

PALENQUE, Marta, "América como milagro en la obra poética de Salvador Rueda", *VI Jornadas de Andalucía y América*, tomo II, Sevilla, Escuela de Estudios Hispanoamericanos (C.S.I.C.), 1987, 15-43.

--------------- *El poeta y el burgués (Poesía y público 1850-1900)*, Sevilla, Alfar, 1990.

PRADOS Y LÓPEZ, Manuel, *Salvador Rueda, el poeta de la Raza*, Madrid, Escelicer, 1941.

TAMAYO, Juan Antonio, "Salvador Rueda o el ritmo", *Cuadernos de Literatura Contemporánea*, 7 (1943), 3-35.

3) OTRAS OBRAS CONSULTADAS

ALAS, Leopoldo, *CLARÍN, Apolo en Pafos (Interview)*, edición de Adolfo Sotelo Vázquez, Barcelona, Promociones y Publicaciones Universitarias, 1989.

--------------- "Pequeños poemas en prosa", *La Ilustración Española y Americana*, 14 (15 abril 1888), 246-247.

--------------- "Un discurso de Núñez de Arce", *Folletos literarios*, IV, Madrid, Librería de Fe, 1888, 53-132.

ASENJO BARBIERI, José, "La música en la lengua castellana (Discurso pronunciado en la Real Academia Española de la Lengua)", *La España Moderna*, 40 (15 abril 1892), 146-160.

BÉCQUER, Gustavo Adolfo, "Introducción sinfónica", "Cartas literarias a una mujer", "Reseña a *La soledad* de Ferrán", en *Rimas y declaraciones poéticas*, ed. de F. López Estrada, Madrid, Espasa-Calpe,1977.

BELLO, Andrés, *Obras completas*, tomo VI, Caracas, Ediciones del Ministerio de Educación, 1951.

BENOT, Eduardo, *Examen crítico de la acentuación castellana*, Cádiz, Imp. de la Revista Médica, 1866.

--------------- *Prosodia castellana y versificación*, Madrid, Juan Sánchez, s.a.

BESER, Sergio, *Leopoldo Alas, crítico literario*, Madrid, Gredos, 1968.

CAMPOAMOR, Ramón de, *El personalismo. Apuntes para una filosofía, Obras Completas*, tomo I, Madrid, Felipe González Rojas editor, 1901.

--------------- *Poética*, Madrid, Victoriano Suárez, 1883.

CAMURATI, Mireya, "Un capítulo de versificación modernista. El poema de cláusulas métricas", *Bulletin Hispanique*, 76 (1974), 286-315.

CARDWELL, Richard, "Introduction" a Francisco A. de Icaza, *Efímeras & Lejanías*, Exeter Hispanic Texts, XXXVI, Exeter, University, 1983, V-XLIX.

--------------- *Juan R. Jiménez: the Modernist Apprenticeship (1895-1900)*, Berlín, Colloquium Verlag, 1977.

CEJADOR, Julio, *Historia de la lengua y literatura castellana*, IX, ed. facsímil, Madrid, Gredos, 1972.

CELMA VALERO, M.ª del Pilar, *Literatura y periodismo en las revistas de fin de siglo. Estudio e índices (1888-1907)*, Madrid, Júcar, 1991.

DARÍO, Rubén, *Azul... Carta-prólogo de Juan Valera*, 14ª edición, Madrid, Espasa-Calpe, 1966.

--------------- *El canto errante, Obras Completas*, tomo V, Madrid, Afrodisio Aguado, 1953.

--------------- *España contemporánea, Obras Completas*, tomo III, Madrid, Afrodisio Aguado, 1950.

--------------- *Prosas profanas y otros poemas, Obras Completas*, tomo V, Madrid, Afrodisio Aguado, 1953.

DIEGO, Gerardo, "Ritmo y espíritu en Rubén Darío", *Cuadernos Hispanoamericanos*, 212-213 (agosto-septiembre 1967), 247-264.

DÍEZ ECHARRI, Emilio, "Métrica modernista: innovaciones y renovaciones", *Revista de Literatura*, 11, 21-22 (1957), 102-120.

DOMÍNGUEZ CAPARRÓS, José, *Contribución a la historia de las teorías métricas en los siglos XVIII y XIX*, Madrid, C.S.I.C., 1975.

FERRARI, Emilio, "De la lírica española contemporánea", reproducido en José M.ª Martínez Cachero, "La obra de Emilio Ferrari", *Archivum*, 10, 1-2 (enero-diciembre 1960), 134-228, en las páginas 220-228.

GENER, Pompeu, *Literaturas malsanas. Estudios de patología literaria contemporánea*, Barcelona-Madrid, J. Llordachs-F. Fe, 1894.

GONZÁLEZ OLLÉ, Fernando, "Del Naturalismo al Modernismo: los orígenes del poema en prosa y un desconocido poema de Clarín", *Revista de Literatura*, 25, 49-50 (1964), 49-67.

-------------- "Prosa y verso en dos polémicas decimonónicas: Clarín contra Núñez de Arce y Campoamor contra Valera", *Boletín de la Biblioteca Menéndez Pelayo*, 39 (1963), 208-227.

GULLÓN, Ricardo, *Direcciones del Modernismo*, Madrid, Alianza, 1990.

HENRÍQUEZ UREÑA, Max, *El retorno de los galeones (Bocetos hispánicos)*, Madrid, Renacimiento, 1930.

LLANAS AGUILANIEDO, José M.ª, *Alma contemporánea. Estudio de estética*, ed. de Justo Broto Salanova, Huesca, Instituto de Estudios Altoaragoneses, 1991.

LÓPEZ ESTRADA, Francisco, *Métrica española del siglo XX*, Madrid, Gredos, 1969.

MACHADO, Manuel, *La guerra literaria*, ed. de M.ª del Pilar Celma y Javier Blasco, Madrid, Narcea, 1981.

MARTÍNEZ CACHERO, José María, "Algunas referencias sobre el antimodernismo español", *Archivum*, 3 (septiembre-diciembre 1953), 311-333.

NAVARRO TOMÁS, Tomás, *Métrica española*, 1ª edición, Barcelona, Labor, 1991.

NÚÑEZ DE ARCE, Gaspar, "Discurso sobre la poesía", *Gritos del combate*, 8ª edición, Madrid, Librería de Fe, 1930, 249-325.

-------------- "Prefacio" a *Gritos del combate*, 2ª edición, Madrid, Librería de Fe, 1880, V-XXXI.

NÚÑEZ RUIZ, Diego, "Panteísmo y liberalismo en el siglo XIX español", *Cuadernos Hispanoamericanos*, 379 (enero 1982), 11-36.

PALENQUE, Marta, *Gusto poético y difusión literaria en el realismo español. "La Ilustración Española y Americana" 1850-1900*, Sevilla, Alfar, 1990.

PAZ, Octavio, *Los hijos del limo*, Barcelona, Seix Barral, 1974.

SOTELO VÁZQUEZ, Adolfo, *Leopoldo Alas y el fin de siglo*, Barcelona, Promociones y Publicaciones Universitarias, 1988.

VALERA, Juan, "Azul. . . A Don Rubén Darío", *Obras Completas*, 2ª edición, tomo IV, Madrid, Aguilar, 1947, 289-298.

-------------- y Ramón de CAMPOAMOR, "La metafísica y la poesía", *Obras Completas* de Juan Valera, tomo II, 1949, 1.630-1.693.

EL RITMO

UNA CARTA DE YXART[1]

Barcelona, 16 de Junio de 1893

Sr. D. Salvador Rueda.

Mi distinguido amigo: hace ya mucho tiempo que me escarabajeaba el remordimiento de haber dejado sin contestación una carta de usted, afectuosa como todas las suyas. Usted es tan bueno, que me ofrece ocasión de reparar mi falta precisamente redoblando sus atenciones y con nuevos envíos de obras. No tengo más que declararme vencido y entonar un grande *mea culpa*.

Mucho me honra dedicándome una poesía[2] y remitiéndome dos colecciones tan interesantes y preciosas como *En tropel* y *Sinfonía callejera*. Ambos libros me han renovado el recuerdo de la personalidad literaria de usted, que me parece en progreso y transformándose a cada nueva publicación. ¡Un aplauso sincero!

El pórtico de Rubén Darío me ha recordado que ese insigne poeta, digno compañero de usted, escribió últimamente *algo, no sé dónde, si no estoy trascordado* (mis indicaciones, como usted ve, son poco precisas), sobre métrica y rítmica. Cuanto piense y diga un versificador como Darío acerca de estas cuestiones técnicas, me interesa en sumo grado, por dos razones: primero, porque siendo uno de los versificadores innovadores y, en apariencia, por lo menos, influido por los nuevos poetas y preceptistas franceses que han tratado aquellas cuestiones técnicas, me conviene e interesa mucho saber qué es lo que acepta de ellos, y qué es lo que considera aplicable a la versificación castellana. Esta es la primera razón, digo. La segunda es que aquí pocos, por no decir nadie, han escrito palabra acerca de la gran revolución métrica que se está realizando. Salvo los estudios de Benot,[3] nada más conozco. Todo lo que se escriba, pues, *en España* sobre esta cuestión, es digno de ser leído. Aquí, algunos poetas y críticos catalanes han intentado decir algo;[4] les preocupa la cuestión de métrica; pero nadie la ha tratado todavía en su conjunto y de frente. Yo pienso hacerlo. Cuantos materiales pueda reunir, me serán de alguna utilidad. Por tanto, *pido y suplico* que si usted conoce ese artículo, tratado, o lo que sea, de Rubén Darío, me lo mande, y que si usted, en la práctica tan original y tan influido también por el espíritu de novedad en este punto, tiene usted escrito o pensado *algo* sobre el verso, los nuevos metros, las nuevas combinaciones rítmicas, etc., me lo escriba y me lo mande también, pues se lo he de agradecer muchísimo. ¡Es lástima que cuando a italianos, franceses, alemanes e ingleses les interesan y toman en serio esas cuestiones, aquí estemos todavía a la altura de Rengifo,[5] sin soñar siquiera los profundos problemas musicales y estéticos que se ocultan en la técnica del arte de escribir versos!

Y dispénseme usted la molestia que le cause con mi cháchara.

Repito las gracias por todas sus bondades, que no merezco, y cuénteme entre sus admiradores.

J. YXART

1

A MODO DE ÍNDICE

Sr. D. J. Yxart.

Mi querido amigo: lo primero que tengo que hacer al enviarle en esta carta algo de lo que me pide usted en la suya acerca del ritmo poético, es darle gracias de todo corazón por los inmerecidos elogios que tributa usted a mi arte y a mi humilde persona. ¡Ojalá fuese yo digno de sus alabanzas!

Supone usted en mí, con sobrada bondad, originalidad en la técnica, al producir, y experiencia, cosas ambas que quisiera poseer; pero, aunque no las posea, es tan elevado el tema del *ritmo* en nuestro tiempo, se le reconoce, según veo en su carta, tanta importancia por italianos, franceses, alemanes e ingleses, y haría tal sensación y provecho en el Parnaso español ese tema desarrollado por un talento, una sensibilidad artística y una solidez como los de usted, que creo que los poetas que en España *practican* el ritmo y no el *sonsonete* (apenas si hay de los primeros y casi todos son de los segundos), debían decir a usted en cartas o en artículos lo que piensan sobre el tema, con absoluta imparcialidad, a fin de que usted pudiera *tomar el pulso* a asunto de esa importancia antes de empezar obra tan audaz y llamada a ser acaso sillar de un nuevo templo a la belleza poética.

La *confesión* que haría a usted mi ilustre amigo Rubén Darío, por cuyo juicio me pregunta, sería la siguiente:

"El verso no es solamente un vehículo, es la esencia misma de la poesía hecha ritmo; quiero variedad de armonías, variedad de esencias, de formas; deseo un prisma y no un solo tono; una orquesta y no una sola voz. La *instrumentación* de las ideas y sentimientos, la técnica poética, es belleza de la más pura, y no es retórica mecánica. Según esté equilibrado el temperamento de cada poeta, brotan en él sentimientos e ideas *tirando* a musicales, o a escultóricos, o a pictóricos: las combinaciones métricas surgen por impulso natural, no se fraguan por cálculo, etc., etc."[6]

Para Rubén Darío, es un ídolo Banville;[7] pero me apresuro a decir que no ve en él a un *mecánico*, a un *habilidoso*: ve en él a un artista lleno, repleto de formas diversas: en esas formas, ya hechas música, ya color, ya plasticidad, ve Darío las ideas del artista. En España, aparte de *Clarín*[8] y de alguna que otra personalidad (por supuesto, poniendo la de usted en lugar preferente), esas cosas *no se gastan así*. . . acaso por falta de matices en el paladar literario. Con lo dicho basta para que usted se haga cargo de lo que piensa Darío del ritmo, poco más o menos. No sé que haya escrito ningún trabajo particular sobre el tema, y este juicio suyo que dejo expuesto es deducido de mis conversaciones con él.

Lo indudable es que el tema del ritmo está ya en la atmósfera, se *masca*, como suele decirse, se siente, llega a la *conciencia colectiva ilustrada*; pero nadie se atreve a tirar de la manta, quizás por temor a que habría que echar por tierra toda nuestra retórica contemporánea (que es la mayor parte de nuestra poesía lírica), quizás porque ocasionaría muchos disgustos a porción de ídolos falsos, quizás también por no haber mucho *material concreto* con que levantar el edificio. Usted, con lo que tiene propio, que es muchísimo, y con lo que pudiera procurarse de los poetas, estoy seguro de que provocaría el *conflicto* y saldría victorioso de él. Creo que detrás del libro de usted se esconde la hermosa faz de una nueva lírica. Eso sí: le *apedrearían* a usted todos los *picapedreros* de la poética nacional; pero, en cambio, penetraría usted en los espíritus nobles e imparciales, que son los que dan la bandera del triunfo.

Hará como cosa de dos años (se lo diré, puesto que usted lo quiere) acabé un larguísimo trabajo, precisamente sobre ese tema, sobre el ritmo en poesía, cuando yo no sabía, ni podía imaginarme, que tal asunto preocupaba a estéticos y preceptistas de naciones extranjeras. Leí mi trabajo a un amigo, el cual me dijo que, entre nosotros, mi estudio iba a ser una *salida de tono*, una nota exótica, y que nuestra *falange lírica* acaso vería en mis cuartillas, más que una confesión desinteresada, el propósito de hacer un *pino.*[9]

Era aquella opinión franca, y fácil como soy de convencer, delante de mi amigo rompí el haz de cuartillas.

¡Considere usted, hoy que recibo su carta, por la cual vengo en conocimiento de que el tema preocupa fuera de España, cuál habrá sido mi sorpresa!

De aquel trabajo mío, con auxilio de la memoria, voy a ver si puedo reconstituir algo, aunque sea poco, para que usted vea si puede ir en calidad de *átomo* al ambiente de su libro.

Recuerdo que el tema del ritmo, a poco de reflexionarlo, se convirtió en una especie de pasador de abanico, del cual salían porción de rayos, de temas menores sometidos al principal.[10] Esos rayos trataba yo de fijarlos en los epígrafes siguientes: EL RITMO (tema principal); *de por qué hace falta la revolución rítmica en la poesía castellana*; *"endecasilabistas" y versificadores* (que, a mi modo de ver, no son lo mismo); *los troqueles retóricos*; *parálisis del idioma*; *las palabras afónicas*; *todo cuanto se habla y se escribe es ritmo*; *el acento*; *la poesía como resumen de las bellas artes*.

Poco más, poco menos, así desplegaba yo el tema del ritmo, basándome en la experiencia propia (dado caso de que la tuviese). Y si usted tiene paciencia para seguir leyendo estas cartas, iré diciendo a usted todo lo que yo recuerde de aquel mi trabajo, en buen hora hecho pedazos, puesto que su pluma de usted va a acometerlo con la brillantez, la ilustración, la valentía y la prodigiosa sensibilidad artística que le son propias.

Su amigo y compañero,

SALVADOR RUEDA.

2

EL RITMO EN SU ORIGEN

Sr. D. J. Yxart.

Mi querido Yxart: quedábamos en mi carta anterior en que el tema del *ritmo* se presentaba en la forma de un abanico abierto, de cuyo *pasador*, el ritmo (tema principal), partían una serie de varillas o temas .

No viene mal ese *abanico* ahora que estamos en pleno julio,[11] y en que yo, al escribir esta carta, sudo que es una bendición. Pero lo malo es que esa vitela no hace aire, aunque sí, manejada por usted, puede levantar *ruido*. Mas como en este caso se puede repicar y andar en la procesión,[12] nos vamos a ir a tomar viento fresco en pos del ritmo a la misma Naturaleza, madre de todo, origen de la música, orquesta complicadísima y maravillosa, y pentagrama, a su modo, donde están fijos todos los ritmos y compases, desde el ritmo de las matemáticas, y de la arquitectura, hasta el alado e invisible de las notas.

Preferible es beber en la fuente a beber en el vaso, aunque el caño de la fuente nos chorree (ahora no viene mal); preferible es beber en la vida, en la realidad, a beber en el libro.

Y vea usted, ya que nos hemos transportado a la Naturaleza, el primer par de compases rítmicos (rítmico-alados) en los dos blancos vuelos de aquella paloma que ha huido al sentir nuestro paso: lleva, no cabe dudarlo, un *pareado* sobre la espalda. La *plástica movible* tiene también su ritmo y de él va colgada la paloma, como el astro va colgado del suyo.

A trueque de que nos tomen por *gavilanes*, vamos a seguir su marcha. Se ha parado a orilla de un manantial, de una fuente cuyas filtraciones bajan por miles de grietas y que se cubre de un amplio e intrincado dosel de rosales en flor y de gayombas.[13]

Magnífico: ya tenemos sombra. Esa fuente no es la *de los malos eruditos*, los cuales desconocen el camino de la naturaleza; ellos beben en un montón de hojas rancias, de pergaminos, de pliegos apolillados, de caracteres borrosos, de páginas caducas..., y ¡a eso llaman fuente! Pero no hay tal: la fuente es el *origen*, y ese montón de libros seguramente fueron tomados del manantial, de la vida; luego la fuente de los malos eruditos... es una fuente de *segunda mano*.

Nosotros estamos ahora, usted y yo, en la fuente verdadera, en la *inspiradora*, en la que nos va a dar nuestros detalles, los preceptos que buscamos, en música. No cabe mejor modo de estudiar, ¡regalados por una orquesta de cien mil notas! Oiga usted: todas cantan en un *ritmo quebrado* (como el ritmo de la prosa); cada hilo sonoro cae isócrono, acompasado; pero de la combinación de ritmos contrapuestos nace el *concertante*[14] soberbio.

¡Qué internas melodías, qué gradación de entonaciones, que *urdimbre* musical tan bien formada!

Voces, murmullos, siseos misteriosos, sonidos mágicos, acordes robustos, escalas agudas y zumbido de pedales se mezclan en esa página auditiva.

Más cálculo, más ficción, más artificio, encontrará usted en un número de Wagner, de Rossini, de Chapí;[15] más inspiración, más acentos de verdad, más naturales bellezas, no hallará usted en la página de ningún músico.

En los amplios remansos que por sus orillas tiene la fuente, se reflejan de un modo admirable dalias y gayombas, margaritas y jazmines: es el *ritmo plástico-coloreado*. En los troncos, en las raíces de esas plantas, palpita el ritmo *en una de sus infinitas variedades*, y por los tallos sube su canto sin sonidos a desbordarse en un diluvio de notas de color; las flores son matemáticas bellas, compás, armonía callada, *ritmo mudo*; pero vibra a su modo en la retina, que a su modo también tiene algo de oído, como el tacto tiene algo de *vista*, de pupila: en cada yema de dedo va un ojo exótico cuya mirada es la adivinación sensitiva...

Volvamos al *ritmo vegetal*, al de las flores.

Ese jazmín que cubre la fuente lleva dentro, en su *complexión fisiológica*, el ritmo; es un poeta a su manera, poeta verdadero, pues no necesita *buscar* la combinación de la estrofa; ésta se da en él naturalmente; vea usted sus flores, todas son iguales; todas tienen las mismas hojas, los mismos *versos*; cada hoja es una rima perfecta y cada número de esas hojas o rimas, compone una estrofa o flor. El jazmín, pues, posee, por don de la Naturaleza, el *ritmo de los ojos*.

Son habas contadas, como suele decirse; son matemáticas esto que expreso y nada hay en ello de imaginación: no hay más que lógica y lógica. Yo no hago más que usar el sentido traslaticio y pasar el compás métrico de la poesía, al *compás métrico* de lo que es poesía también, de las flores. No tiene cada sentido del cuerpo humano sus funciones desligadas en absoluto de los demás sentidos, no: usted oye una quintilla, en música escrita, y esa misma quintilla la ve usted *plastificada, vegetalizada* en cualquiera flor de cinco hojas, y creo que esto no tiene vuelta de *hoja*. ¿Para qué sirve la quintilla métrica, la de la poesía? Para despertarnos una emoción bella. En el primer caso, la emoción llega por el oído; en el segundo, por los ojos. . . y tanto monta.

El jazmín es una planta preferida de la Naturaleza y lleva en sí el don del ritmo; el poeta, producto igualmente de la Naturaleza, lleva asimismo el don del ritmo, con la sola diferencia entre uno y otro, de que el poeta, además de llevar el don del ritmo, lleva el don del *ripio*.

Ahora bien, ¿quiere usted ver una composición monorrima? Pues alce usted la vista a esa gayomba de tres mil flores: todas esas flores son un desbordamiento de rimas; todas acaban lo mismo en *orla*, en *ente*, en *ado*, o en otra cualquiera terminación, sólo que en este caso la terminación la determina el color; todas las flores de la gayomba son pajizas. Y repito que, aparte de usar el sentido traslaticio que usted y yo y el vecino estamos usando al expresarnos *continuamente*, no hay en todo lo que digo más que lógica, lógica a *machamartillo*, sin nada de fantasía. Lo que ocurre es que el hombre es poco observador por lo general, y se ocupa con jactancia cómica, por no decir ridícula, mucho más de sí mismo que de ver y penetrarse de lo que está fuera de él; la Naturaleza surgió para ser original, y el hombre para rutinario y presuntuoso.

Un poeta termina una poesía y dice: "¡Qué hermosa me ha salido! Cierto que he sudado tinta para buscar ese metro, para fraguar esta combinación, para castigar y llenar de transparencias y tallados la frase; pero ahí está la poesía. ¡Señores, puede verse!"

Y no se fija ese poeta en que más poeta que él lo es un rosal, una gayomba, una mata de claveles, los cuales poseen el ritmo de un modo más natural, porque está toda la técnica en su naturaleza, todo el sentimiento, toda la brillantez, toda la inspiración, y sólo necesita del contacto de su musa, del sol, para arrojar al aire acabada y perfecta su obra.

Y aparte del ritmo vegetal, el ritmo existe en toda la Creación. El instinto lo lleva en nuestro paso al andar, en nuestros brazos al moverse; andamos porque vamos dentro de un ritmo. Cuando el ritmo pierde un compás, cuando damos un tropezón, al suelo: es que la canción se ha roto...

Desde el ritmo de nuestro pulso al ritmo a que van atados los astros del Universo, que yo llamaría el ritmo-origen, no hay más que una serie de escalas misteriosas que unen unas cosas a otras.

La serie de crestones de una cordillera ¿qué son sino colosales estrofas geológicas que átomo a átomo, en ese *removerse rítmico de todo*, se han ido formando al paso de los siglos?

El ritmo palpita en los minerales; según es el mineral, así *cristaliza* o *ritma*, que es lo mismo. Coja usted un puñado de piedras preciosas (no lo suelte usted si lo coge) y vea qué combinación de *hemistiquios*, de *versos*, de *ritmos*, en una palabra todos esos ritmos son una canción a la luz; todas las piedras preciosas cantan a lo mismo, al sol; repiten el mismo *motivo*, como un templo armónico repite también el mismo motivo en arcadas, columnas, altares, cornisas, etc.; el monumento no viene a ser más que la *instrumentación* de *piedra* de un motivo, como una ópera es la instrumentación de otro o de varios motivos.

Y no me cansaré de decir que en todo lo que digo no hay fantasía ninguna, sino lógica.

Nuestra respiración es un ritmo mediante el cual se regularizan todas las funciones de la vida de nuestro organismo. El organismo mismo ¿no está basado en un plan rítmico? La mitad de nuestro cuerpo es paralela de la otra mitad con no muchas diferencias. Yo no sé cómo de tantos estudiantes de medicina como hay, no salga alguno teniendo idea de la música, del ritmo, en presencia de la anatomía.

Los pájaros vuelan por *música de movimientos*; cuando cierran las alas y tienen un *compás de silencio* (que en este caso sería un *compás estático*) vienen a tierra.

Sí: el Universo es una urdimbre, una colosal urdimbre de ritmos. Fíjese usted un solo momento en ellos y los oirá, o los verá, o los tocará. Todo ese poema está hecho por el primero de los poetas: Dios; y si no quiere usted que sea Dios, llámelo usted Naturaleza.

Y ahora, para el fin que perseguiré en mi carta próxima, quiero que se fije usted en una cosa: en que el Universo *no cansa* por esa diversidad infinita de músicas en todos los órdenes, por esa variedad múltiple de canciones, de ritmos, que lo abarcan todo, diferenciándolo por modos distintos de compases, de cesuras, de combinaciones isócronas, de estrofas y matices músicos, en una palabra.

Si hemos de creer (¡qué risa!) que el Universo lo ha hecho Dios para recreo del hombre y para que haga llevadera su vida, sólo de ese modo variadísimo hasta lo inconcebible es como la gran orquesta de todo lo creado no llega a cansar al mamífero bimano[16] ... *para quien ha sido formada.*

Y quedamos por hoy en eso: en que la variedad inenarrable de esa gran orquesta nutrida de infinitos ritmos, es la que hace que el citado mamífero no se aburra por aquí abajo.

Siempre de usted admirador,

SALVADOR RUEDA.

3

DE POR QUÉ HACE FALTA LA REVOLUCIÓN RÍTMICA EN LA POESÍA CASTELLANA

Sr. D. José Yxart.

Mi querido Yxart: matemáticamente pensando, no puede por menos de notarse esa interminable variedad del *Todo*, como que cada cosa y cada ser son distintos de los demás, y en la "entrelazadísima" urdimbre de la vida universal, no hay dos puntos del todo semejantes: ni siquiera los dos puntos de la ortografía, puesto que uno está encima y otro debajo. Tanto tipo, tanta causa, tanta diversa individualidad, tanto efecto distinto, ¿cómo no han de recrear el alma del hombre? Para el artista y para el pensador existen motivos sobrados en el cuadro grandioso de la vida, que tengan el espíritu en un éxtasis constante o en un delirio de admiración perpetua. Y cuenta que del gran *Concertante* sólo puede el hombre percibir, dado lo limitado de sus facultades, algo, y nada más que algo. Puede ser, por ejemplo, que el ritmo universal vibre, en efecto, sea un himno que requiera oídos distintos de los nuestros para ser escuchado; puede ser que el aroma de tanto vegetal sea idioma, y nuestro raciocinio no sea apto para entenderlo; puede ser que haya millares y millares de lógicas diversas, una para cada orden de cosas, y a la nuestra no le sea dable penetrarlas; puede ser, en fin, que todo tenga inteligencia y sentimiento a su modo, y nosotros estemos incapacitados de poder deletrear sus misterios. Habíamos de estar erizados de ojos, verbigracia, y que cada uno de ellos tuviese la virtud de ver a través de lo espeso, de lo duro, de lo opaco, de todo lo impenetrable, para abarcar con la vista el infinito *Poema*. Habíamos de poseer mil lógicas para entender todas las demás. Habíamos de poseer una escala infinita de sentimientos, contrarios en su naturaleza, para poder disfrutar de todos los innumerables matices del sentir. El *sentido enciclopédico*, la intuición, presiente todas las cosas, pero nos estrellamos ante nuestra lógica limitada y nuestro entendimiento mezquino. ¡Oh! ¡Quién pudiera percibir en el tacto, en los ojos, en el oído, en el olfato, y en muchos más sentidos *nuevos* que se nos agregasen, toda la gran *Orquesta*, todo el gran *Himno*!

No opinan lo mismo nuestros menguados y ramplonísimos poetas de todo lo que va de siglo (hechas las excepciones consiguientes, pocas en verdad), porque en vez de interpretar esa vasta armonía, además de lo humano; en vez de auscultar, de sentir, de meditar, de percibir, ¿qué han hecho? Pues medir ¡durante *más* de lo que va de siglo! retórica, con un par de metros, el octosílabo y el endecasílabo, sin pensar más que en llenar de palabras esos dos moldes rítmicos, vaciando en ellos las mismas voces, los mismos temas, los mismos giros, los mismos *afectados* sentimientos, la misma basura cerebral, para acabar pronto. Dio al mundo Quintana,[17] en el molde de la oda rimbombante y hueca, su entusiasmo de *despacho*, su patriotismo de *paciencia rítmica*, sus *estruendos calculados* (como que en vez de nacer en el ritmo poético, como nace una flor de la tierra, lo planteaba en prosa, lo calculaba, lo hacía pasar por todas las torturas imaginables, hasta que, arquitecto del idioma, pero no poeta, lo sometía a lenguaje *ordenadamente musical*); dio Quintana, el matemático del ritmo y del entusiasmo, esas odas al mundo, y todos los demás malandrines y follones de la poesía han estado remedando, calcando, repitiendo sus temas y *su modo* durante más de un siglo, el uno plagiándole lo que dijo al mar, el otro lo que dijo a la imprenta, el otro lo que escribió del Escorial, y nuestro público se ha estado engullendo por el oído (oído de cerrojo, como suele decirse) toda esa palabrería vana, todas esas cencerradas, toda esa falta de personalidad, de carácter propio, de caos y remedos efímeros.

Vino Espronceda,[18] poeta de verdad, poeta como Dios y la Naturaleza mandan (aunque tenga vislumbres *byronianos*), con sus temas propios, con los recogidos por él, no sobre la mesa de despacho como Quintana, sino en medio de la vida y en medio de todos los vientos; y usted ha visto, mi querido Yxart, hasta qué punto una turba de vates hueros, de plagiarios, de estúpidos, nos han atormentado con sus canciones *al pirata,* con endecasílabos *a mi madre,* con *desesperaciones,* con *estudiantes de Salamanca,* con *diablo mundos. . .* ¡Pobres diablos!

Llegó Zorrilla[19] derramando aquellas armonías inefables, porque Zorrilla era, todo él, un *oído enciclopédico* que daba, hechas música, las ideas de caballerosidad, de patria, de religión, de sentimiento natural, de naturaleza, poeta de verdad también, poeta genial, audacísimo en sus instrumentaciones maravillosas y espléndidas, aparato de repercusión sublime donde resonaban y se convertían en colores y músicas todas las del mundo, o, por lo menos, todas las de nuestra España; vino, digo, derramando todo aquel tesoro, y en seguida los *eunucos líricos* le asaltan, le rodean, le acosan, le imitan; de su fisonomía literaria plagian lo más saliente, la hipérbole, y ¡qué ración inacabable de serenatas, de orientales, de metrificaciones distintas, de leyendas fantásticas, de policromía falsa, de *quincalla lírica*!

¡Pues no quiero decirle a usted la retahíla de necios, de tontos sentimentales que llevó tras de sí el divino Bécquer,[20] el poeta de los ensueños, de los horizontes azules, de las vaguedades del alma, de las armonías interiores y arrulladoras; el vate hipnotizante, de alas líricas untadas de opio y morfina, el afligido, el sonámbulo, el niño!

Todavía nos martirizan los agudos en *on* de las rimas estúpidas de sus imitadores; todavía nos acosan las mujeres que *no tienen corazón*, el *chisporroteo de los cirios*, las fantasías sin fantasía y los mil disparates de la cáfila becqueriana.

Y ¿qué me cuenta usted de los *retruecanistas, psicólogos de a ochavo, frasistas y originalistas* que tanto nos han fastidiado con motivo de Campoamor?[21] Se asoma cualquier joven sin sentido común, sin inspiración y sin lectura, a las vitrinas erizadas de imágenes deslumbradoras, de joyas áureas de la frase, de incrustaciones psicológicas del autor de *Los amores en la luna*, y cae como una alondra en un espejuelo. No procura el joven observar por sí mismo en la vida lo que ha de escribir, sino que, haciendo blanco de sus estupideces a Campoamor, se atiene a lo externo de los versos del gran joyero, y exclama sentenciosamente:

¡¡Un hombre va para arriba!!
¡¡Otro para abajo va!!
¡¡Esos son unos que vienen!!
¡¡Esos son otros que van!!
¡¡Dilán, dilón,
dilín, dilán!!

¿Qué tal? Si la caterva de imitadores desea remedar otra de las cuerdas del maestro, dirá:

Te vi una sola vez, ¡y ya he sabido
donde aprieta el zapato a tu marido!

¿Considera usted que sea posible que no haya quien les parta de un hachazo la cabeza?

Pues con sólo esos citados poetas, amigo Yxart (hablo de los dioses), poetas de marcadísima fisonomía, que ha llevado cada uno su *mundo propio*, poetas hijos de la Naturaleza y no de la retórica (excepto Quintana, a quien incluyo porque crea tipo, el *tipo retórico*, que constituye género en España y del cual vienen todos los *endecasilabistas*); con sólo esos poetas, en cien años, y todos los restantes, los *menores*, vaciando sus ideas y sentimientos en el endecasílabo y el octosílabo, ¿no cree usted que se haya dado al traste con nuestro tímpano, y que el oído esté reclamando con gran urgencia metros distintos, ritmos nuevos, estrofas que no sean el terceto, el soneto, la octava real, la silva, la quintilla y la cuarteta?

Porque conviene echar una ojeada al bagaje literario de los poetas de primero, segundo y tercer orden de nuestro siglo, para ver que todo cuanto *se ha cantado* ha sido con el mismo son.

Fíjese usted en los cientos de odas al mar, al telégrafo, al tren, al Dos de Mayo, a la patria, al siglo XIX;[22] fíjese usted en los millares de rimas, todas en octosílabos y endecasílabos; note usted las octavas reales que se han derrochado en esta España de oído de mampostería, las epístolas *a Fabio*[23] que se han escrito, los cientos de ristras de sonetos, los almacenes de quintillas y de cuartetas, los acrósticos, pentacrósticos[24] y demás potros retóricos, todo en endecasílabo y octosílabo, y a poco que medite usted en ello, se quedará usted asombrado de que semejante monotonía no nos haya dejado sordos, de que esa anemia de ritmo y de combinación no nos haya vuelto de gutapercha.

Todo son uniforme sabe usted que adormece; todo rumor isócrono continuado embota, entontece; toda muletilla del sonido fastidia, aburre. Los martillazos en el yunque, el golpe del oleaje, el rodar de la cuna, la canturria del surtidor, el resonar del émbolo, el canto del abejorro, la oratoria sin matices, el machaqueo del almirez, el *dolón, dolón* de la cencerra, todo lo falto de variedad de formas musicales en fin, todo lo que *a su modo* es endecasílabo y octosílabo invariable, acaba por rendirnos al sueño, por amodorrarnos, por *imbecilizarnos*. ¡Pues calcule usted lo que será pasar todo un *sempiterno siglo* oyendo a un abejorro, o comiendo el mismo plato, o viendo el mismo color, o gustando el mismo vino, o viendo una misma cara, u oyendo referir un mismo cuento! Estoy seguro de que usted, dada su delicadeza de nervios, es de los que, puestos en ese caso, se pegan un tiro.

Francamente, yo no quiero serenatas cuyos números estén todos compuestos en un mismo tiempo, y que me empiecen halagando con un vals, por ejemplo (y eso que es el tiempo que más me gusta), y, una vez acabado, que me toquen un himno patriótico en tiempo de vals, y un sentimiento amoroso en tiempo de vals, y un canto de venganza en tiempo de vals, y así me estén tocando números y números por espacio de semanas, meses, años y años. Semejante indigencia de ritmos daría a uno (por lo menos) el derecho, muy justo, de pedir que, por Dios, le tocaran a uno otra cosa...

Nuestros poetas no tienen variedad de expresión, no; no tienen una lira, tienen un monocordio; no tienen oídos, tienen roscos de goma. No es posible soportarlos, no pueden oírse; nos han destrozado nuestro órgano de audición, y a fuerza de repetirse, y de repetirse, han vuelto opaca su voz, la cual ni vibra ya, ni expresa nada, y aunque lo exprese, no se oye.

Semejante afonía, semejante ronquera, necesita curación, y pronta. ¿Con qué? Con el antídoto: con variedad de ritmos, con variedad de estrofas, con combinaciones frescas, con nuevos torneados de frase, con distintos modos de *instrumentar* lo que se siente y lo que se piensa.

Los poetas, que, a la vez que escritores, son los llamados a interpretar la variedad infinita de que hablo al principio de esta carta, para no aburrir a todo un público, para no amodorrarle, porque en estado de modorra no se oye, llevan su falta de inventiva, de gusto, de fecundidad, de genio, hasta el extremo de no hacer uso más que del ritmo que pudiéramos llamar *oficial* dentro de la retórica, el ritmo de patrón, el más manoseado y llevado y traído, y por lo mismo el más afónico de cuantos existen.

Hay que decirles: Señores, que no se os oye ya, que se os ha vuelto ronco el pito de tanto tocarlo, y no sabemos qué queréis decir: mejor os entenderíamos por mímica.

Un Zorrilla, pero un Zorrilla *que agarre la realidad*,[25] repleto de combinaciones, formas y ritmos, es lo que está haciendo falta, para que estremezca las petrificadas ondas sonoras de la poesía, para que *desinfecte* esta atmósfera del arte sin oxígeno y sin nada. Si hablaran los átomos del aire, ¡qué de injurias dirían a nuestros poetas ramplones! Ya no suenan los átomos, se *quejan* de machacados y doloridos por la misma canción.

Ahí tiene usted, mi querido Yxart, expuestas algunas de las razones (algunas, porque esto es muy vasto y más profundo de lo que parece) que yo tengo para creer que en el fatigado, rendido y extenuado Parnaso español hace falta una revolución rítmica.

Usted, que tanto penetra, fíjese en todas las indicaciones que le voy haciendo, y verá que tengo razón, aunque otra cosa digan los *sonsoneteros* de nuestras letras, especie, por lo numerosa y lo menuda, parecida a los *boquerones de ciento en sopa* de mi tierra.[26]

Hay algún crítico en España, y de los buenos (pero con resabios retóricos), que cree que con el endecasílabo se puede expresar todo lo que hay en el mundo: en el sentido *vulgar* del dicho no le falta razón; todo lo del mundo se puede expresar, efectivamente, con el endecasílabo. . . como se puede expresar por signos convencionales, y hasta por señas o por medio de pantomimas. Pero aquí no se trata del *volapük*,[27] que sirve para que todo el mundo lo entienda: se trata de las emociones e ideas que *cuajan en ritmos diversos dentro del poeta* y de que el endecasílabo sólo debe *echarse fuera* cuando por causa de la *índole del asunto* haya cristalizado dentro.

Pero de *endecasilabistas* y *versificadores* trataré en la siguiente carta.

Siempre suyo,

SALVADOR RUEDA.

Nota: Al llegar aquí, un escritor me hace notar que no he incluido en el número de los poetas cuyas rápidas semblanzas dejo hechas, al Sr. D. Gaspar Núñez de Arce, y no consiste esa omisión en que no me haya acordado de la personalidad simpática del gran artífice, sino en que lo considero un artista especial, digno de un especial estudio. S.R.[28]

4

"ENDECASILABISTAS" Y VERSIFICADORES

Sr. D. J. Yxart.

Mi querido amigo: usted habrá notado que en esta España del cocido, de la rutina y de la oda, al poeta que no sabe hacer más que *endecasílabos*, o, a lo sumo, *endecasílabos y octosílabos*, se le aplican los títulos de gran versificador, de maestro de la rima y de padre de la forma; y yo creo que los títulos de gran versificador, padre de la forma y maestro de la rima, no son para aplicados a poetas de tan reducido *genio retórico*, sino a un Zorrilla, a un Teodoro de Banville, los cuales poseen todos los metros, todas las combinaciones, todas las formas, todos los medios de expresión rítmicos, y que, además de ser dueños de todos los troqueles, inventan ellos otros y es inagotable en su numen la inventiva métrica. A ese orden de artistas es al que yo concedo el título de versificadores, de maestros de la métrica. A los que no hacen más que *endecasílabos*, hay que recogerles la patente de grandes versificadores y dejarlos solamente en lo que son: en *endecasilabistas*.

Pero unos y otros (por lo general, no siempre) no son más que retóricos, con la diferencia de que *los de once sílabas* son monótonos, *rimbombantes de oficio*, huecos y aburridos, y *los de todos metros* son más artistas, más amplios, más dignos, por todos conceptos, del laurel poético.

A la falta de un poeta en el cual *nazcan las armonías sin calcularlas,* como en la pedrería los órdenes de cristales; a falta de un poeta de verdad, al cual *le nazcan las ideas y sentimientos en ritmo,* vengan versificadores de buen gusto, de arte exquisito, de sabiduría *poli-rítmica.* Por lo menos gozaremos de su fraseología quinta-esenciada, de su originalidad sorprendente, de sus metáforas rutilantes, de su saber, de su labor de cinceladura finísima, de sus estrofas marmóreas, de su gusto y elegancia. Tienen muchos el trabajo de estos diamantistas del verso, de estos repujadores del estilo, por poesía verdadera, y yo, puesto que todo eso es bello, no me mostraré hostil a reconocerlo como poesía. La belleza está en todo y en la técnica del arte poético y literario, por consiguiente. Tanto por lo que tiene Gautier de poeta, nos seduce por lo que tiene de artífice; tanto por lo que tiene de psicólogo Flaubert, nos encanta por lo que tiene de joyero. Así es que parnasianos, decadentes, simbolistas y demás *tallistas* de la frase (si son efectivamente como yo los creo, y separando de ellos a los *rematadamente artificiosos y afectados*), vengan en buen hora con su afiligranada orfebrería.[29] Sí; vengan antes que un endecasilabista lleno de gárrulo viento, de sentencias *aparentemente profundas,* de trompetazos vulgares, de comparaciones manoseadas, y pertrechado de Otumbas, de Pelayos, de *soles que no se ponían en nuestros estados,* de *leones-iberos que sacuden la melena,* y de *duda retórica* y de *tronadas retóricas,* como las que a continuación voy a lanzar yo mismo, no se vaya a creer que no sé también *trompetear* y transmitir el furor *pimpleo-retórico.*[30]

Le lanzaremos al mar el *disparo,* puesto que en él cabe todo el ripio que se eche:

> También, ¡oh mar soberbio y dilatado!
> cual otros llego ante tu altiva frente;
> también arrebatado,
> con ansia loca y entusiasmo ardiente,
> corrí hacia ti con mi pasión a solas
> desde el confín lejano de Occidente,
> por oír los ecos de tu seno hirviente
> y el ronco son de tus gigantes olas.

(Creo que como ARRANQUE...)

> Soñé tu voz; con ímpetu violento
> te vi, en mis sueños, revolverte airado,
> y temblar agitado
> con rudo empuje en tu profundo asiento.
> Vi tus ondas soberbias levantarse

cual montes de cristal, embravecidas,
descendiendo después a dilatarse
por las playas de conchas guarnecidas.
Deja te admire con creciente anhelo,
calme tus iras la templanza grata,
mire yo un mundo retratando a un cielo,
movible espejo de rizada plata.
Y ¿sabes lo que dicen tus bramidos,
piélago rencoroso y agitado?
La existencia de un ser que te sostiene,
la existencia de un ser que te ha formado
 y que en el cielo mora,
de luz vistiendo su inmortal palacio,
y dirige la marcha triunfadora
de esos mundos que pueblan el espacio.

(Ahora una transición)

¡Escépticos! ¡Venid del mar extenso
a contemplar las ondas irritadas!
¡Negad que un Dios con su poder inmenso
no detiene sus iras desatadas!
"¡Dios!" resuena en el piélago profundo;
"¡Dios!" resuena en el cóncavo azulado,
y "¡Dios!" ¡repite el eco dilatado
por los inmensos ámbitos del mundo![31]

¿Quiere usted más trompetería? Convenga usted conmigo en que esos *mongolfiers*,[32] que no estrofas, son la cosa más fácil de hinchar.

Pero hay más todavía. ¿Desea usted más arrebato, más *ámbitos profundos*, más *retórica castellana*?

Pues allá va:

Quiero volar. Mi *ardiente* fantasía
 quiere lanzar su vuelo
 cual águila arrogante,
 y extenderse triunfante
por los extensos ámbitos del cielo.
Yo quiero contemplar bajo mi planta
el movimiento eterno de los mundos;
quiero surcar los piélagos profundos

con vuelo poderoso;
quiero hollar presuroso
la ronca tempestad que se levanta
sobre la mar gigante;
quiero escalar el cielo;
y al mirar al Eterno frente a frente,
quiero parar mi presuroso vuelo
sobre el trono del sol resplandeciente.

(Tome usted resuello y siga)

¡Ven, huracán! Con ímpetu violento
arrástrame en tus alas;
cruce mi ser por las *empíreas salas*
que llenan el vacío;
contemple yo rodar el ancho mundo
por su inmenso palacio,
y, cual genio lanzado del profundo,
sostendré con mi esfuerzo sin segundo
los soles gravitando en el espacio.
¡Ven, huracán! Con hórrido estampido
remóntame del suelo:
yo quiero traspasar enardecido
los cóncavos del cielo;
yo quiero ver la tierra
vacilar estallando
a mi sublime poderoso aliento;
quiero tender mi raudo pensamiento
por la creación entera,
y detener al sol en su carrera
y yo solo llenar el firmamento.
Chispas de soles alzará mi paso;
ricas guirnaldas colgarán las nubes
en torno de mi asiento;
y las arpas del viento,
cantándome a compás de los querubes,
ensalzarán la espléndida victoria
de mi numen fecundo,
y el eco de mi gloria
resonará en los ámbitos del mundo.
Bajo mis pies contemplaré atrevido

la máquina asombrosa
rodando por el éter impalpable;
el abismo insondable
sacudido por hórrida tormenta;
la danza turbulenta
de los seres que oscilan confundidos
en la tierra gigante;
oiré la tempestad rugir tronante
desgarrada por fieros aquilones;
y exento de temor y de pesares
escucharé con alma conmovida
los gigantescos pasos de la vida
y el ronco son de los revueltos mares.
¡Yo veré a Dios! De su inspirada frente
beberé la grandeza y poderío;
yo asentaré mi trono en el vacío;
yo pisaré valiente
de los siglos la marcha turbulenta;
y hasta el cielo elevándome potente,
esparciendo en las anchas cavidades
la luz de mi victoria,
¡¡contemplaré impasible las edades
sobre el trono fulgente de la gloria!! [33]

Ahora bien: ¿usted cree, querido Yxart, que esta *perorata quintanesca*, si se recita en el Ateneo de Madrid, por un *cucólogo de la lectura*, de estos que aquí se usan, no levanta una explosión de aplausos que está durando tres noches consecutivas?[34]

A usted, espíritu culto, y a otras personas de verdadero gusto artístico, esos versos les harían reír; pero la mayoría de nuestro público, el cual se ha *amamantado* con atronante retórica, cree a ojos cerrados que esa es la madre del cordero, que eso es la poesía. Aquí no han cantado los poetas (salvo algunos) más que lo recio, lo estruendoso, lo hinchado, y, aparte de eso, para los poetas no hay poesía en el mundo.

Los *endecasilabistas*, ésos tienen la culpa de nuestro atraso en poesía, de nuestro estancamiento lírico. No atienden más que *al ruido* y *a la corrección*, y todos tocan del mismo modo recorriendo un reducido número de temas que apestan de viejos y podridos.

Para esta gente no existe aquello de que "el estilo es el hombre".[35] ¡Claro! Como son *fríos retóricos, calculadores, arquitectos de la lengua*, su labor es labor externa, de paciencia; y como para nada toma parte en ello el *temperamento propio*, el temperamento no sale en sus versos. No riman su espíritu, como dice *Fray Candil* ;[36] riman el idioma.

Repito, pues, que, a falta de poetas, vengan *versificadores*: por lo menos, harán ver que en el mundo hay algo más que el endecasílabo y el octosílabo, y más combinaciones que las que enseñan los catedráticos de retórica, y demostrarán que el ritmo es de naturaleza tan caprichosa como la pedrería y la flora, que no tienen límite en sus combinaciones.

Desde el *hombre musical*, desde el *ser rítmico* que piensa cantando, que siente cantando, que escribe cantando, el Poeta,[37] hasta el retórico que consigue *aparentar ese canto* sin poseerlo, ¡qué escala de gradaciones de mérito lírico!

Existe el dicho en España de que todo el mundo es poeta, y no hay cosa menos cierta; lo que en España tienen muchos es el *don del sonsonete*, y desde ese don, que es el menos don de todos los dones, hay un escalonamiento de *orejas* que van afinándose y afinándose hasta llegar al endecasílabo serio y con pujos de gran aparato y vuelo y profundidad. Dentro de esa escala *auditiva*, en lo más selecto de ella, están los *versificadores* (en el sentido más noble de la palabra): de ésos al poeta, la verdad es que hay necesidad de fijarse mucho para ver la línea divisoria, pero se nota, se nota en fijándose.

La desorientación que entre nosotros padece la mayoría de la gente y de los literatos y poetas acerca de lo *nativo* y de lo *buscado*, estriba en buena parte, a mi modo de ver, en que se enseña muy mal la retórica en la clase oficial; mejor dicho, no se enseña más que retórica, recetas, fórmulas, como si se tratara de *la farmacopea del escribir*.

Y como se hace extensa esta carta, hay que dejar lo de los *troqueles* para la venidera.

De usted amigo y compañero,

SALVADOR RUEDA.

5

LOS TROQUELES RETÓRICOS

Sr. D. J. Yxart.

Mi admirado compañero: daba yo a entender al finalizar mi carta anterior, que en España se enseñaba, de un modo destestable, en la cátedra oficial, el arte de la poesía. ¡Es claro! como que lo que enseñan no es poesía, sino retórica, y de la retórica, no la exquisita y bella de los José María de Heredia, de los Leconte de Lisle, de los Teodoro de Banville[38] y muchos más (siento no poder citar un solo nombre español, a no ser, en cierto modo, el de Zorrilla), sino la vulgar, la ramplona, la insoportable de nuestra *lírica de artificio*. Pero ¡Dios mío! ¿cómo es posible llamar *lírico*, es decir, músico, a semejante mecanismo? Más bien debiera llamársele *nuestra arquitectura de lenguaje*: de rítmico, de músico, sólo tiene el arte poético nacional lo meramente *matemático*; un endecasílabo castellano (*de ésos*) es verso porque cumple con las matemáticas, porque tiene once sílabas (muy correctitas, eso sí), pero porque tenga lirismo, melodía interna del poeta, seguramente no. ¿Usted cree que los que *pasan por ser* nuestros primeros poetas (excepción hecha de alguno) escriben un solo verso porque ese verso se haya *cuajado en ritmo* dentro de su alma, porque una emoción, una idea, un sentimiento se les haya hecho, sin querer ellos, *cadencia plástica* (el verso) y les haya nacido, porque sí, hecho cristalización rítmica? No, y no; en España, quizás porque la *retórica* está, como si dijéramos, *en la atmósfera*, el poeta se hace, no nace. ¿Cómo se hace? Pues merced a los profesores y merced al don *matemático*, no *rítmico*, que algunos individuos traen amarrado a la oreja. Dice el profesor, mostrando los troqueles retóricos, como si sacara pucheros de distinto tamaño del cajón: "He aquí el terceto; consta de tres asas; el soneto tiene catorce asas; la quintilla, cinco asas; la cuarteta, ello lo dice, cuatro: el que *sepa* llenar estos pucheros de erudición, sentimiento y fantasía por partes iguales, y lo menee con el *metro*, es poeta". Y aquí tiene usted a los alumnos sedientos de gloria, esforzándose por *producir* sentimiento, fantasía y erudición, auxiliados de la oreja, que es el metro, para *cumplir con los preceptos de la retórica* y echar fuera quintillas, sonetos, tercetos y cuartetas; es decir, pucheros poéticos.

No se le ha ocurrido jamás a un profesor de retórica español decir: "Ved esta estrofa; es la forma rítmica que cuajó, que cristalizó en un poeta, en el momento de sentir el amor, o la patria, o la belleza, en una palabra; ved estos ritmos ordenados, ved esta cadencia hablada; ved esta gestación y nacimiento de lo bello: era impetuoso el sentimiento, y requirió verso largo para vaciarse en el ritmo a sus anchas, o era juguetona y traviesa la emoción o idea, y se hizo forma lírica en verso corto, o era solemne la sensación, y llamó a las voces reposada y sublimemente acompasadas", y así sucesivamente, según el modo de hacerse entender del profesor y según su ingenio, su sagacidad y su ilustración. Como se estudia la flora, como se enseña a conocer la naturaleza de las piedras preciosas, como se enseña a diferenciar lo que es producto de la Naturaleza, mediante análisis, mediante observación honda, se debía enseñar la poética. (La palabra *retórica* habría que desterrarla para siempre de nuestra lengua, porque todos los órdenes de cosas de la Nación se realizan en España por retórica *a su modo.*) Hay palabras, una sola a veces, que se atraviesa en la corriente de una civilización como una piedra en el curso de un río, y produce un extravío enorme: así sucede en nuestra poesía con la palabra retórica.

La retórica, las recetas de escribir, los troqueles, se toman aquí, no por formas que *surgen* en el momento inspirado, sino por una especie de tripas, que en llenándolas de idea, sentimiento y saber, son la propia poesía en cuerpo y alma.

Entre nosotros se oye decir a *los poetas*: "Voy a escribir tal idea que se me ha ocurrido, en quintillas, o en tercetos, o en otra cosa"; lo dicen así, *a priori*, como si no estuvieran diciendo una *arbitrariedad* espantosa. ¡Pues qué! ¿se puede concretar en formas rítmicas una emoción en el metro que se quiera, y no como la emoción quiera nacer? ¿Es posible que Zorrilla calculara, como un retórico vulgar, al lanzar al mundo de la plástica escrita el estrépito rítmico de su *carrera del caballo*, estos soberanos versos?

> Lanzóse el fiero bruto con ímpetu salvaje,
> midiendo a saltos locos la tierra desigual,
> salvando de los brezos el áspero ramaje,
> a riesgo de la vida de su jinete real, etc, etc.[39]

Ese verso largo, propio de la violenta carrera, esas palabras que van como volar de saetas, ese ritmo que cabalga, ese estrépito y el de todo lo demás que falta de la estrofa, que dijérase *va a caballo* y flota y huye, ¿es posible, repito, que fuese *construido por la paciencia*, que se realizara mediante talento, perseverancia, buen sentido y demás facultades inferiores al genio? ¡Jamás! Esa forma brotó ella así en el ser de un poeta de verdad, surgió deslumbradora, triunfante, como una divina visión artística.

Esa es la diferencia de un poeta a un "endecasilabista" y hasta a un *versificador*. Estos dos últimos estudian esa estrofa, analizan con talento y atención sus elementos, la gradúan, la *rumian* con el cerebro y procuran hacer otro tanto en otro sentido; pero, mal que les pese, se conocerá a primera vista la diferencia que va de su retórica al genio verdadero. Y se conoce, aun tratándose de quien sea tan grande *artífice* como José María de Heredia, y no digo tratándose de un *endecasilabista*, porque no es cosa de echarse a reír en un momento tan serio.

¿Cree usted que Bécquer calculó, como otro retórico, ¡él retórico!, por ejemplo, su poesía a los muertos?

> De la alta campana
> la lengua de hierro
> le dio, volteando,
> su adiós lastimero.
> ....
> En las frías noches
> del helado invierno,
> cuando las maderas
> crujir hace el viento
> y azota los vidrios
> el fuerte aguacero,
> de la pobre niña
> a solas me acuerdo.
> ....
> Al dar de las ánimas
> el toque postrero,
> acabó una vieja
> sus últimos rezos;
> cruzó la ancha nave,
> las puertas gimieron
> y el santo recinto
> quedóse desierto.[40]

La poesía toda, para no andar copiándola de la memoria, ¿le parece a usted cosa de retórica, obra con metro *a priori*, como hacen los discípulos de Monlau?[41] ¡Buena retórica! Ese ritmo surgió, él, repleto de misterios, lleno de internas músicas, desolado, interlineado de pausas lánguidas y dolorosas. Un poeta francés de ahora, capaz sería, dada su exquisitísima *ciencia poética*, y su técnica maravillosa, de *estudiar* emoción parecida, y disponiéndolo todo *de antemano*, hacer, como quien talla piedras preciosas, una composición que nos conmoviera; pero, ahondando en ella, crea usted que se vería la retórica, aun siendo tan vaporosa y fina.

Acaso podrían nacer más; pero en España, apenas tienen uso de razón los que vienen *ungidos*, se desorientan, o mejor dicho, los desorientan los profesores de retórica, grabando en sus retinas los *consabidos troqueles*; y como el que nace poeta ve que nuestro público, que carece de paladar literario, y que la mayor parte de nuestros literatos (rústicos hasta no poder serlo más) están en la creencia de que las *recetas* son la *poesía,* y las odas sin realidad, y las composiciones de arquitectura retórica, como ve eso, por ese camino se va, y acaba por *destemplarse,* por vulgarizarse, por perder el don de la gracia (al decir aquí gracia, no quiero decir, como pudieran suponer muchos efímeros *tronchapalabras de oficio,* a *los titiriteros del equívoco, saltimbanquis del vocablo, trampolinistas de la lengua* y demás almáciga de *graciosos,* que son los mecánico-retóricos del chiste.) Yo he sido también alguna vez titiritero...[42]

Los poetas españoles, bajo la dirección de catedráticos tan faltos de personalidad, llegan a tener *oreja,* no *oído;* llegan a *conocer* el ritmo por su *compás matemático,* no por su *música.* No hay cosa más inútil que esas cátedras de retórica y poética, tal como hoy se enseña la asignatura. ¿De qué le sirve a un hombre salir de las aulas sabiendo los nombres de todos los *incidentes retóricos,* sabiendo contar las sílabas, sabiendo diferenciar los metros (eso el que trae buena *oreja*) y estar al cabo, si llega a estarlo, de lo que es cáscara y superficialidad, si el profesor no le ha enseñado, al mismo tiempo, a *gustar un poeta,* a meterlo en su espíritu y a cultivarle, en una palabra, el paladar artístico, para que goce con lo bello y no con lo retórico?

Como las bellas artes tienen por base sentimiento y fantasía, al ser que no trae a la vida esas cualidades, es inútil apedrearle los oídos con vulgaridades retóricas: sacará de ellas lo que el negro del sermón.[43] Además, puestos a enseñar oficialmente el arte de la poesía, ¿cómo es que no se enseña asimismo a todo el mundo, de un modo oficial, el arte de la pintura, el de la escultura y el de la música? ¿Por qué no meter en el *grado*[44] también esos estudios? ¿A qué esa preferencia por la poesía, aquí donde no nacen poetas, y sí pintores de veras, escultores, y algunos músicos? "Como de éstos nacen, y no poetas —dirá el espíritu nacional—, bueno es que haya profesores de retórica, a ver si logran sacar poetas." ¡Justo, enseñándoles *recetas de escribir* y sonsonetes!

No vaya usted a creer que porque no considere útiles esas cátedras más que para dar a la persona un baño *cursi*[45] de ciencia poética, corte por lo sano y proclame que al que trae el don de la poesía se le deje en estado cerril; nada de eso: a los que se vea claramente que traen dentro el toque divino, quisiera yo que los educara en cátedra, pagada por el Estado, nada menos que un Leopoldo Alas,[46] o personalidad de tal fuste; ya ve usted si yo quiero para los poetas honores, y si me gustará que sean, además de inspirados, cultos, exquisitos y llenos de matices intelectuales. ¿Que no podría venir Alas a Madrid a desempeñar esa cátedra? Pues, como serían pocos los poetas, que los mandaran a Oviedo, como se envían pintores pensionados a Roma.[47] No pido más que equidad para mis compañeros de arte.

Tal como van las cosas, yo no espero que los vates españoles se *orienten,* sino por *los milagros que obra la atmósfera.* Me explicaré. Cuando viene alguna evolución artística al mundo, no sólo, si es saludable y provechosa, la acogen los espíritus privilegiados, sino que la reciben, llenas de alegría, las mismas moléculas del aire: no sé cómo se verifica, ni lo sabe la ciencia, pero los átomos son transmisores de ideas y de sentimientos. A falta de base fundamental y positiva, verá usted de qué teoría (que escribo en clase de *salida de tono*) me valgo yo para explicarme, aunque sea por la fantasía, algo de ese *misterio* de la atmósfera. Yo supongo en todo el organismo humano, en todo él, inteligencia difundida, *esfumada*, por decirlo así. Una idea, un sentimiento, no están solamente en los nervios o en el cerebro; *resuenan* en todo uno, en todo nuestro ser y en cada uno de sus átomos. Ese organismo inteligente que siente y piensa todo entero (con la relatividad de localizaciones consiguiente) aspira la atmósfera y hace cambios de agente con ella, *la unta de uno mismo*, le comunica nuestra vibración, le presta algo, en fin, y ¡quién sabe si al salir de nosotros identificada, con nuestro pensar y sentir, arrastra algo, lleva algo, por leve que sea, a la demás atmósfera, y por vibraciones sutilísimas, imperceptibles, propaga y difunde y lo lleva hasta rozarlo con otros seres, nuestro estado pasional o reflexivo! ¿Si no serán solamente vehículo las corrientes aéreas, y serán también materia afectiva e inteligente, aunque procedan con lógica distinta a la nuestra?

Ello es que hay ideas que pertenecen a la atmósfera, sentimientos que flotan en la atmósfera, y por ahí ha de venir la orientación a nuestros poetas, encastillados aún en la retórica del tiempo de Maricastaña.[48]

¡Sí; como no venga del cielo, no vendrá de otra parte!

En España se evolucionaron los novelistas; los músicos (Chapí, Chueca, etc.);[49] los escultores (Benlliure, Susillo, etc.),[50] y demás gente de sensibilidad y fantasía; pero eche usted mano de un poeta, en el alto sentido de la palabra, que transmita a sus versos las impresiones reales de la Naturaleza y de la vida y que posea la técnica moderna, que encierra tan maravillosos secretos.

No encuentra usted más que *endecasilabistas*, que, hablen de lo que hablen, no dejan en el cerebro ni en los nervios más que *impresión de endecasílabos, runrun de endecasílabos, zumbido de endecasílabos*.

¡El diablo se lleve tanta retórica!

Suyo,

SALVADOR RUEDA.

6

PARÁLISIS DEL IDIOMA

Sr. D. J. Yxart.

Mi querido amigo: pero ¿qué independencia de temperamento va a tener un poeta que nazca en España, si ve que, en haciendo unas cuantas odas, o un poema, o algo según *patrón*, como manda nuestra santa madre retórica, ya está en disposición de entrar en la Academia y de ser consagrado con esa consagración ficticia del *rito* oficial? Sabe que detrás de escribir unas cuantas obras sometidas a canon, y sin independencia, están la poltrona, las dietas, la consideración del público, y el no tener que ocuparse ya más que de gozar la corona de laurel de Real orden, un laurel seco.

Los poetas que nacen con la vista puesta en la Academia, nacen viejos, apolillados; no tienen estremecimientos ni arranques de juventud, no hacen la vida del arte, palpitante y estremecida. Su ideal es la momia; su anhelo, ir tras de una patente que diga al público, porque así lo quiera una sociedad: "Este tiene talento; y aunque el público no lo considere como *inmortal*, yo lo inmortalizo en el nombre de esta Corporación".[51]

Y cátate a un hombre, sin haber conmovido a su alma jamás la emoción honda de lo bello, metido en su hornacina, gozando ya la vida de los consagrados, llevando siempre desde su juventud, dentro del cuerpo, un alma... de estuco.

Soy el primero en reconocer que hay en la Academia hasta una docena de inmortales que lo son no por obra y gracia de un pliego de papel, un membrete y una firma;[52] pero lo demás es bazofia despreciable (como literatura se entiende, es claro), gente de carne y de cerebro de *mojama*, a través del cual jamás ha pasado el relámpago del genio ni una idea que no sea rutinaria y fósil. No es esto hablar en contra de la Academia *como institución*; pero sí contra lo que, por causa de esos espíritus secos y sin jugo, viene a ser el *alma* de la Academia: un alma de sexagenario, de caduco, sin brío, ni fuerza, ni nada. Así es que, debiendo ser la Academia un factor saludable y fuerte en la literatura de la Nación, los señores del cerebro y nervios fosilizados, la tienen convertida, a despecho de los académicos verdaderos, en un remanso de palabras estancadas; de vocablos que se pudren por falta de movimiento; de voces que están pidiendo aire, oxígeno; de expresiones que quieren ver el sol, la luz, la naturaleza; de giros de lenguaje que están enclavados, como en un potro, en la rutina; de frases hechas, siempre enseñando la misma perpetua mueca; de lugares comunes con licor anodino por sangre, y de lisiaduras, de esposas, de grillos, de mordazas. En verdad que, creyendo, como yo creo, que el idioma es un *cuerpo vivo* que renueva sus palabras como un cuerpo humano sus átomos,[53] causa dolor infinito considerar esas eternas posturas del cuerpo del idioma, esos músculos atormentados, esos nervios inactivos, esos pulmones atrofiados, y tanto aparato de tormento como tienen aplicado a su carne viva los malos académicos, especie de inquisidores en pleno siglo XIX.

La gracia, los gestos, la risa, la ondulación, las sacudidas del vivir, el ímpetu alegre y jovial, movimientos, andares y músicas de la lengua, se perdieron en la Academia a manos de los avellanados que no están persuadidos de que tienen a su custodia un organismo latente, sino, antes bien, créenlo cosa muerta y lo tienen tendido encima de la mesa de disección para analizarlo. ¡Oh postura horrorosa! ¡Él, que desea brincar, ejercitarse, vivir, respirar la vida a pulmón lleno!

A mí no puede por menos de representárseme la Academia tal como han conseguido ponerla las personas faltas de alto sentido que en ella figuran (que son las más): como un inmenso remanso, como un lago infecto donde se pudren las palabras por falta de actividad; especie de Laguna Estigia en lo tétrica, allá va cada académico impasible en su barca, nuevo y fatídico Aqueronte, remando en un mar de vocablos *en descomposición*; veo sobre esa laguna una luz amarillenta y pálida, la luz del cirio, la luz de la muerte, y en silencio resbala allí todo y sin palpitaciones de vida...[54]

Ved allí —pasando de lo serio a lo cómico— los rimeros de "etéreas salas", los depósitos de "raudas y gentiles locomotoras", los atados de exclamaciones de "¡oh tú mi siglo!", "¡ah, dadme la lira!", "dadme, dadme rosas...

> para que adorne y ciña
> sus frentes generosas".

Contemplad los mazos de "espadas flamígeras", de "senos ebúrneos", de "no ya... si que también", de "dame tu inspiración, musa divina", de "tanto más cuanto que". Recreaos en las "blondas cabelleras..." llenas de liendres; en los "labios de coral" falso; en los "dientes de perlas" sin oriente; en "las cinturas de palmera"; en los ojos, ¿de qué?, "de cielo"; en "las manos de azucena"; en "el pie breve"; en "el albo cuello",

> que es tan sólo al de Lesbia comparado.

Ved allí "los roncos estruendos" que no suenan; "el corcel" que no relincha; "los muros de pechos" que no palpitan; los "charcos de sangre humeantes" que no humean; la "inspiración divina, hija del cielo" que ni por un ojo de la cara da señales de vida; todo ello iluminado por "el sol que no se ponía en nuestros estados", sol que parece recortado de una lata de petróleo.

Pues fijaos más allá en las ristras de chistes, cosa ya más moderna; ved "el cornetín del vecino", "el piano de la vecina, que con su son asesina", "los sablistas que dividen por el eje", "las suegras insoportables", "las papeletas de empeño", "los cesantes", "las chuletas duras", "los riñones de vaca" y demás comestibles del *humorismo* sin humor, de la gracia sin gracia, de la *trampolinería, volatinería*, saltos, brincos y dislocaciones de los *mecánicos* del chiste. ¡Oh Quevedo, y cómo has degenerado![55]

Pues cada vestal. . . macho, cada académico (de los fósiles se entiende) guarda, "como el avaro su tesoro", el océano de frases hechas y lugares comunes, y se ocupa en amarrar bien fuerte a las palabras que se quieren ir, porque ya "llenaron su cometido" y porque no tienen razón de ser y que piden —átomos del cuerpo del idioma— ser reemplazadas por otros átomos, por otras palabras.

Figúrese usted, mi querido Yxart, que existiera una Sociedad creada para poner obstáculos a las corrientes de agua, para *enclaustrar* la atmósfera, para detener el curso de las ideas, para impedir el vuelo de los pájaros, para paralizar el crecimiento de la vegetación, para enfrenar el torrente circulatorio de las arterias, para impedir, en fin, toda transformación natural, toda evolución de la vida, y esa Sociedad tendría los mismos fines y habría venido al mundo con la misma misión que una Academia de malos académicos (yo me refiero siempre a los malos, no a los buenos). Estos señores, que generalmente entran en el edificio oficial del idioma por favores políticos —¡qué tendrá que ver con la política la literatura!— se creen que los eligen para la custodia de un muerto, y no de un organismo latente que se evoluciona, por ley natural, como es el idioma. *Fijan*, hacen no sé qué otra cosa y *dan esplendor*. ¡Esplendor en un sitio lleno de putriciones lentas, en un curso paralizado, en un remanso lúgubre! Pero hay cosas que no se pueden paralizar, como son las evoluciones de las cosas vivas; los malos académicos entorpecen, retrasan el término de las transformaciones, son unos estranguladores de arterias palpitantes, pero al cabo el río salta por cima del tropiezo, el pájaro aprovecha un descuido del carcelero y escapa, y el tallo naciente, al que se pone encima una piedra, taladra la piedra y sale a bañarse en las olas del sol y de la vida.

¡Que Dios confunda, amén, a esos disecadores del idioma! La totalidad de la patria es el único, el verdadero académico, y ése es el que hace el idioma.

En la cueva en que trabajan los malos académicos de Real orden, no hay una ráfaga de oxígeno ni un rayo de sol para la lengua, que en la Academia está paralítica y habla con trabajo. En ese estancamiento *casi* todo es malsano: el aire es pesado, la luz mortecina, el suelo fétido. ¡Aire, aire, salgamos a la luz del día, yo me ahogo!

Suyo siempre,

SALVADOR RUEDA.

7

LAS PALABRAS AFÓNICAS. TODO CUANTO SE ESCRIBE Y HABLA ES RITMO

Sr. D. J. Yxart.

Mi querido Yxart: consecuencia natural de todo lo dicho en mi carta anterior es que las palabras, que las voces, en fuerza de usarlas, se quedan roncas, se quedan afónicas, y no transmiten, vibrante y clara, la idea que expresan. Las voces, las palabras, que a mí se me figuran *individualidades* con carácter propio que las diferencia unas de otras, pequeños *seres vivos* del idioma, tienen, a no dudarlo, dividida su existencia en periodos, como las personas. Y si no, ¿por qué llegan a fatigarse, por qué se cansan, por qué mueren y desaparecen, quedando sólo arrumbadas como documentos del pasado, como se guardan las momias, los huesos humanos, las calaveras? El diccionario de la lengua está sembrado de *cadáveres*; tanto tiene de panteón como de nacionalidad viva de palabras: generaciones de ella nacieron, vivieron, se agitaron en el mundo luchando en la polémica o haciendo el trasiego natural de sentimientos e ideas, y por fin llegaron a su periodo caduco y emigraron de la vida. Se llora la muerte de un hombre, y no se llora el fin de una palabra que seguramente llevó, transmitió más ideas que un hombre, porque hay que advertir que yo creo que la palabra no es sólo un vehículo automático, sino algo más que eso.

Pues a esas palabras que llegan a su periodo *senil*, es inútil tratar de mantenerlas en la vida latente, como sería inútil tratar de tener en ejercicio continuo a los ancianos: ni éstos ni las viejas voces sirven para la lucha humana; cumplieron, "llenaron su cometido", pasaron por sus diferentes edades; no hay razón para molestarles; además, que esas voces caducas sonarían sin herir, sin levantar vibraciones, como a los viejos se les caería la espada de combate de las manos.

Pues bien: la mayoría de nuestros poetas, que no son tales poetas, porque no saben lo que traen entre manos ni meditan profundamente en su arte (repito que yo tampoco creo ser poeta), no hacen otra cosa que lo que dejo dicho: *levantar muertos*, galvanizarlos, *fingir* en ellos la vida y hacer que hablen, que canten, que se expresen. Voz *del otro mundo* es la que echan de sí esas palabras, esos cadáveres del idioma, cuando lo que se necesita son teclados vibrantes, gargantas nuevas, órganos flamantes rebosando modulaciones y fuerza, para que la humanidad oiga bien lo que los poetas le dicen: las voces cascadas son como los timbres opacos, como las campanas rotas, como las laringes fatigadas. ¿Cómo no ha de perder su timbre argentino una palabra a fuerza de cantar, de sonar, siendo tan delicado instrumento, cuando hasta se rompe un yunque y se *destemplan* los martillos y pierde su juventud (misteriosa juventud musical) cuanto lleva en su naturaleza algo de son y de armonía?

¡Oh, sí, mis queridos compañeros de arte! ¡Vosotros mismos, organismos musicales, os llegáis a poner afónicos con el tiempo, y vuestro canto, en fuerza de sonar, llega a ser ronquera, estertor!

¿Qué mucho, pues, que yo os recomiende que pongáis cuerdas nuevas a vuestras liras, que renovéis vuestros ritmos, que combinéis de un modo nuevo las estrofas, que cambiéis por palabras pujantes las muertas de que estáis atestados, que deis un puntapié a los lugares comunes, que no volváis a hacer girar en la rueda de noria de vuestros versos las frases hechas y que os toméis el trabajo de arrancar de vuestros nervios, de vuestro cerebro, de vuestra sangre, de vuestros músculos, la propia vida hecha verso, hecha estrofa, hecha canto? Arrojad las muletas, muletillas y palitroques en que vais apoyados, y andad por vuestra cuenta y desplegad la energía de vuestros organismos.

Pero vayamos por partes. Todo esto y todo lo que contenga este libro *en tal sentido* va dirigido a los poetas *artificiales*, a los que a fuerza de perseverancia, de paciencia, de buen deseo, de buen gusto y de talento (pero no de inspiración legítima), llegan a producir en el mundo de la lírica. A los poetas absolutamente verdaderos —un Bécquer, un Zorrilla, un Campoamor, un Espronceda—, a ésos no habría que decirles nada de esto nunca. Ésos, aunque no se expresen más que en un solo ritmo, serán monótonos, sí, pero siempre poetas. Acaso en punto a léxico, Campoamor deje que desear, el cual posee, en junto, hasta unas cuantas docenas de palabras y un par de metros y casi ninguna combinación; pero ¡tiene tan fresca y tan profunda alma de poeta, que todas sus indigencias de artista las suple la abundancia de inspiración del poeta!

Dejando aparte a los dioses, me dirijo, como antes digo, a los poetas no legítimos del todo, para decirles que hay más ritmos, mucho más ritmos de los que ellos creen y perpetuamente usan en sus obras; tan hay más ritmos y más metros, que *todo lo que nuestros ojos leen y todo lo que nuestros labios hablan es metro y ritmo*.

Y vamos a demostrarlo enseguida: debajo de esta cuartilla que voy llenando, hay un número de El Liberal —ese periódico en que su joven e ilustradísimo director, Miguel Moya, está *enseñando a leer* literatura fina, selecta, al público de España—.[56] El diario (que es del 2 de septiembre del 93) empieza su artículo de fondo con este párrafo, que es *indócil* para mi objeto como él solo, pero por eso mismo se verá mejor la imparcialidad y la verdad de lo que digo.

Dice así:

No han cesado en estos días los periódicos oficiosos, al reflejar el pensamiento del Gobierno, de atribuir la responsabilidad de los últimos motines de Vitoria, de San Sebastián, de Gijón, de Bilbao, al espíritu de rebeldía de los pueblos, cuyo espíritu está atizado por los enemigos del orden, del partido fusionista y del régimen actual.

¡Me parece que para *domarlo*, sometiéndolo a ritmos concretos y definidos, es de lo más antimusical el tal parrafito!

Pero manos a la obra: "No han cesado en estos días", es un octosílabo claro y terminante, y sería cobardía acometer cosa tan fácil en unos cuantos versos. Hagamos algunos en este trozo de párrafo, que es *metro y ritmo* como pueda serlo otro cualquier verso:

No han cesado en estos días los periódicos oficiosos.

Y diré, eligiendo cualquier asunto, solemne desde luego, porque largo y solemne es el metro, y ha de haber *conformidad entre ambos*, cosa que los poetas no procuran casi nunca en España:

Resonando entre la orgía el estrépito de las copas,
de las copas donde hierve el licor que el copero escancia,
en las salas esplendentes que embellecen del rey la estancia
devuelven un son de guerra los triglifos y las metopas.
En suspenso el brindis ebrio, descompuestas las áureas ropas,
y estallando en cada pecho como víbora la arrogancia,
queda el cuadro un punto solo, percibiendo de la distancia
el rumor que crece y llega con vibrar de aceros y tropas.
Es que en tanto que la fiesta se regala con libaciones
y Daniel los vagos signos, que fulguran como visiones,
va sobre el extraño muro con los ojos deletreando,
de las calles apartadas, defendido por el reposo,
entra en triunfo del gran Ciro el ejército belicoso
por la regia Babilonia con estrépito galopando.[57]

¿Es, o no, un ritmo, un metro, como ritmo y metro son los demás que cita la ramplona retórica oficial?

No habrá quien pueda probar lo contrario. ¿Que ésos son dos hemistiquios *empalmados*, uno de ocho sílabas y otro de nueve? Exactamente, como el alejandrino, que consta de dos de siete sílabas, y el dodecasílabo, que consta de dos de seis, o de dos, uno de siete y otro de cinco, y como todos los metros, excepto el de una sola sílaba, porque no se puede dividir. Esto, mirando la métrica con ojos rústicos y vulgares y sólo atendiendo a las *matemáticas*; que a un espíritu culto de verdad, a una cabeza con verdadero meollo, no se le ocurrirá nunca atender a lo *matemático* del verso solamente, dejando a un lado su parte psicológica, su alma: un verso que esté hecho *de un tirón*, como están hechos los anteriores, tiene un *alma de una pieza*, vibrando a lo largo de todas las sílabas, de punta a punta; y querer partir ese alma, sería no tener alma, ni talento, ni nada. A escritores que tienen de sí mismos más elevada idea que la tendrían del propio Homero, les he visto caer de cabeza en semejante vulgaridad, y quedarse tan frescos.

El

> lanzóse el fiero bruto con ímpetu salvaje,
> midiendo a saltos locos la tierra desigual,

de Zorrilla,[58] no se le ocurriría a nadie dividirlo *por el eje*, alegando que son versos que constan de dos hemistiquios, a no ser a un estúpido. Esos versos, largos, hechos cada uno de un tirón, y con un alma de una sola pieza, vibrando a lo largo de todas las sílabas, como antes digo, es el que pide la carrera del caballo; así lo reclama la intuición del poeta, así el impulso de la inspiración, así hasta los ojos, que necesitan ver versos largos que recuerden la carrera y persuadan de que efectivamente corre el caballo. Los ojos están estrechamente enlazados, en asuntos de poesía, con el oído. *Tronchados* esos valientes versos, ya no corre el ligero bruto por ellos; si no, véase como lo que parece es que... *trota*:

> Lanzóse el fiero bruto
> con ímpetu salvaje,
> midiendo a saltos locos
> la tierra desigual, etc.

Eso, ni siquiera es trote, ni nada. ¡Qué profanación la de dividir lo que es indivisible!

Así pues, quedamos —considerando el verso como surgido de una sola pieza y con un alma, no partida en dos mitades como unas alforjas, sino entera— en que el *trozo* de párrafo de *El Liberal* es un metro como son todos los metros, y un ritmo donde se dan las leyes de todos los demás ritmos.

Y he de advertir que ese que ha resultado soneto de diez y siete sílabas, como las demás composiciones que yo vaya haciendo hasta apurar el párrafo, las escribiré a vuela pluma, no procurando hacer poesías propiamente tales, sino atendiendo sólo a lo que de *mecánico* tiene el verso.

Y volvamos a la prosa, de la cual tomo seguidamente otro pedazo, sin calcular la extensión, porque es lo mismo que sea más o menos largo, puesto que todo lo que se escribe y se habla es compás, número y metros distintos.

He aquí el trozo:

> Al reflejar el pensamiento del Gobierno,

y yo diré, *metrificándolo*:

> Al descender por las selváticas laderas
> para ganar la feracísima llanura,
> el escuadrón arrebatado se apresura
> con cargamentos y fusiles y banderas.
> El enemigo, abandonando sus trincheras,
> se posesiona del terror y la locura,
> y enajenado por insólita pavura,
> se precipita en velocísimas carreras.
> Sin alcanzar a los fugaces perseguidos,
> los vencedores les acosan decididos
> con fogonazos y cañones resonantes.
> Y la extensión que se corona de humo denso,
> se arremolina y desparrama en mar inmenso
> al ondular de los ejércitos brillantes.

Vuelvo a repetir que no pretendo aquí hacer poesías de las que se pone el alma en ellas; voy solamente a demostrar lo tantas veces repetido, que todo lo que se escribe está compuesto de ritmos, de metros *que se pueden usar cuando el asunto lo requiera.*
Sigue el párrafo diciendo:

> de atribuir la responsabilidad,

la cual línea tiene este ritmo, salvo el estribillo, que es caprichoso y que nada significa:

> En el salón el estruendo del festín
> con el compás del alegre baile va,
> y dice así la canción de un violín:
> *ta-la-rá.*
> Danza a su son de la sala en el confín
> niña gentil que ligeras vueltas da,
> y gusta oír al vibrante violín:
> *ta-la-rá.*
> Cerca una voz de sus labios de carmín

frases de amor susurrando ardiente va,
y con pasión repercute el violín:
ta-la-rá.
Ya el rigodón caminando va a su fin
y más veloz sus brillantes vueltas da;
de un beso el son estremece al violín,
y dice *ta-la-rí,*
en vez de *ta-la-rá.*

Como se ve, se prestan hasta a *tocar el violón* ciertos ritmos; es según la índole de ellos.

Y sigue el párrafo. ¡Dichoso párrafo que está haciendo esta carta demasiado larga!

¿Quiere usted que dejemos el resto para la carta venidera? Bueno, pues hasta la otra es de usted afectísimo,

SALVADOR RUEDA.

8

CUANTO SE HABLA Y SE ESCRIBE ES RITMO

Sr. D. J. Yxart.

Mi admirado escritor: íbamos en mi anterior por el trozo de párrafo que dice:

de los últimos sucesos de Vitoria,

el cual *instrumentaré* de este modo (bastan sólo cuatro versos para mi objeto, porque si no se va a prolongar demasiado esta parte del libro):

De los últimos amores de mi vida
rayo trémulo ilumina mi memoria,
cual crepúsculo que deja desprendida
una ráfaga de luces de su gloria.

Y sigue la claúsula en prosa:

de San Sebastián, de Gijón, de Bilbao.

Aquí tiene usted, mi querido amigo Yxart, un *ritmo de conspiradores*. ¿No nota usted gente que va y que viene de un punto a otro, jadeante, que da noticias con acento entrecortado por la fatiga de la carrera? El ritmo es seguramente idea.[59]

Diremos así:

>La conspiración hacia aquí se aproxima,
>es un pelotón de embozados medrosos;
>uno a los restantes fantasmas se arrima
>y le comunica secretos odiosos.
>—¡Hacia la frontera, chitón, adelante!
>el que los arenga les dice en secreto,
>y la dinamita y el hacha cortante
>brillan en las manos de cada sujeto.
>—De la monarquía el poder nos humilla,
>la revolución nuestros brazos reclama,
>y en el Pirineo: —¡Qué viva Zorrilla . . . ![60]
>¡mientras que Zorrilla se duerme en su cama!

Sigue este fragmento:

>al espíritu de rebeldía de los pueblos,

que es un ritmo *rebelde* de veras —por eso marco las cesuras—, pero ritmo, y si no, véase por estos cuatro versos:

>De los émbolos — el trabajar a — compasado
>en las máquinas — estremecidas — recio suena;
>es el cántico — de fuego y hierro a — rrebatado
>que en el ámbito— de las Industrias — ruge y truena.

Y continúa la prosa:

>cuyo espíritu está atizado.

Tan claro es en esta línea el ritmo, que no haría falta marcarlo en verso; pero ahí va:

>Con el rostro acardenalado,

> en la mísera cruz clavado,
> y sintiendo su hora fatal,
> sufre el Justo su sacrificio
> y soporta el atroz suplicio
> que le sume en ansia mortal.
> Y a medida que sangre brota
> de la vena purpúrea y rota
> y resbala sobre la cruz,
> tras las torres que allá se asientan,
> se enrojecen y se ensangrientan
> las moléculas de la luz.

Viene seguidamente este fragmento:

> por los enemigos del orden,

y lo versificaré de este modo:

> Por las empinadas laderas
> que entre pedregosas gargantas
> van hasta las cimas severas,
> canta un zagalejo su amor.
> Y repercutiendo los ecos
> por las ensenadas y riscos,
> fingen en los cóncavos huecos
> que hay tras cada peña un cantor.

Vaya otro trozo de párrafo, y ya es el penúltimo:

> del partido fusionista;

pero este es un octosílabo completamente claro y perceptible, y no hay necesidad de hacerle andar, moverse dentro de su paso rítmico.

Nos queda el último fragmento de la claúsula en prosa, y es este:

> y del régimen actual,

el cual es también por demás numeroso; pero, no obstante, conviene hacer destacar sus cesuras en gracia a los poetas que tengan oído *romo*:

> Ha llegado el metro final,

> y probado queda a mi ver
> que cuanto habla el humano ser
> es numérico y musical.
> Todo es metro, música y son;
> pero falta saber oír
> los compases, y distinguir
> que el idioma es una canción.

He preferido, como usted ha visto, querido Yxart, ser pesado a dejar que se me creyera bajo mi palabra que todo lo que se habla y todo lo que se escribe está compuesto de ritmos, de metros. La prueba creo que es de las que no tienen vuelta de hoja. Someta a la experiencia, quien lo desee, un artículo entero, un discurso, una memoria, ¿qué más?, hasta una estadística, y se persuadirá, con la más honda evidencia, de que no habla ni escribe el hombre nada, absolutamente nada, que no sea ritmo, metro.

Se me dirá que un *trozo largo de prosa* puesto en una sola línea, a modo de verso, no tiene ritmo; yo contesto a eso que sí, que lo tiene; lo que ocurre es que la *memoria del oído humano es insuficiente* para ir grabando los compases de toda esa línea, y cuando llega, por ejemplo, al compás veinte, ya se le empiezan a *olvidar* los primeros. La *deficiencia*, pues, está en nosotros, no en el ritmo, y si no, acuda usted al raciocinio, a la comprensión, y sustituyendo el oído por el cálculo, verá usted cómo el ritmo sigue, porque, como todas las cosas sustanciales del arte, es infinito. Si usted hace ese raciocinio, percibirá usted la música en la razón, en la inteligencia, de un modo abstracto, pero no menos claro y cierto.

Se me puede objetar también que muchos de los metros de que está compuesto cuanto se habla y se escribe no son *dignos*, no son bellos: error; todos son igualmente dignos y bellos, pero es cuando los trate un poeta de inspiración, de gusto, de genio, que sepa buscar armonía entre lo que cante y el metro: cada ritmo es para su idea, para *la que lleva en su naturaleza y modo de moverse y de ondular*. Si para nada se tiene en cuenta cosa tan principal, como hacen aquí todos, absolutamente todos nuestros poetas, que cogen un metro cualquiera como si fuese una tripa, y en ella meten todo lo que les salta en la mollera, sea de la índole que sea, claro es que resultará, en vez de verso perfectamente ajustado a la idea, un *embutido*; pero si el raciocinio busca el metro propio a la emoción, y el talento verdadero sanciona esa unión, y la inspiración la funde y la atroquela, el metro será digno siempre y siempre de aquello que exprese.

Como se ve, pues, por todo lo dicho, la *retórica oficial* es una *farmacopea* limitada y ridícula de la poesía española, y sólo contiene algunas recetas manoseadísimas impuestas a poetas faltos de discernimiento y de genio, los cuales no ven más que lo que ponen delante los profesores que no han pensado jamás en cosa que pase de la epidermis retórica.

Pues contando, mi querido crítico, con ese teclado infinito del idioma, donde cada tecla es un ritmo, estos poetas de oídos de estuco se pasan la vida ejecutando *con un dedo*, en sólo ocho o diez teclas, la misma insoportable canturria. Como el cura de su lugar, no saben leer más que. . . en su endecasílabo o en su octosílabo. (A la verdad, muy pocos metros más usan, y éstos de Pascuas a Ramos). [61]

No se fijan en que un ritmo cualquiera, si se sabe oír, es una idea; una idea que hay que destacar por medio de la palabra, como una idea musical se destaca por medio de notas. La prueba de que el ritmo es idea, es que un violín, por medio de ritmos, *que nada dicen en concreto*, nos hace sentir ideas de amor, o de patria, o de venganza, etc., etc. Esos ritmos que nos transmite el violín vivían hechos ideas en el músico, e ideas eran seguramente, cuando por medio del intérprete, la cuerda, llegan a nosotros definidos, a pesar de no traer palabras. Así se explica que, a veces, una poesía con disparates e incoherencias, como algunas de Zorrilla, pero de ritmo bien nacido, poético de veras, nos transmita perfecta y hondamente su idea.

Vuelvo a mi frase de que todo cuanto habla y escribe el hombre es ritmo, como queda demostrado, y digo a nuestros versificadores que, puesto que todo es metro, nos sirvan, por Dios, ya que no motivos originales, porque no los tienen (y no los tienen porque no son poetas por naturaleza), nos sirvan, al menos, la monotonía de sus eternos y amodorrantes temas en diferentes compases, en diversos metros. Tengan entendido que *lo que se exprese ha de ir dentro de un ritmo que le sea propio*, y no precisamente dentro de los consabidos. Y la misma recomendación les hago respecto de las combinaciones de estrofas. Hay los que yo llamaría "lugares comunes" y "frases hechas" de los ojos. Basta derramar la vista por un libro de versos para saber en el acto si el poeta es una vulgaridad o no. Sin que tome parte el espíritu nuestro en ese *vistazo*, comprendemos al punto, por las estrofas, por su combinación, por su estructura, por su arquitectura, si nos hallamos delante de un poeta original, de un poeta verdadero, o si estamos enfrente de un estúpido. Hay que huir de los "lugares comunes" de los ojos, huir hasta perder los talones, y tratar, en cambio, de tener genio arquitectónico-rítmico. ¡Mire usted, querido Yxart, que si Barcelona, por ejemplo, la hermosísima ciudad donde usted se halla, no tuviese más que un solo tipo de edificios, sería insoportable! Pues esa *monotonía visual* hay que evitar también en la métrica, con "tanta más razón cuanto que" *todo es metro*, y a nuestra disposición están todos los ritmos. Desde cualquiera de nuestros ramplones versificadores, hasta Banville, hay todo un abismo inacabable; ¡ya ve usted si existen combinaciones métricas, ritmos, estrofas distintas!

Al tema del ritmo —no como origen, según quedó tratado en mi *segunda carta*, sino *como aplicado ya a la poesía*, y que he desarrollado en la anterior epístola y en ésta— va irremisiblemente unido el acento, como que el acento es el ritmo mismo, porque vea usted que algunos de los trozos de párrafo que he versificado tienen el mismo número de sílabas que varios metros de la *retórica oficial* y, sin embargo, no tienen el mismo compás: consiste eso en que el ritmo no está en el número de sílabas, como creen muchos *retóricos*, sino en el acento.

Pero de él diré algo en la carta siguiente.

Siempre de usted,

SALVADOR RUEDA.

9

EL ACENTO

Sr. D. J. Yxart.

Mi querido amigo: según usted perfectamente sabe, desde que la lengua castellana comenzó a ser *versificable* hasta hace muy poco tiempo, el numen poético-retórico español sólo ha *inventado* para expresarse el monosílabo, el disílabo, el tetrasílabo, el pentasílabo, el hexasílabo, el heptasílabo, el octosílabo, el eneasílabo, el decasílabo, el endecasílabo, el dodecasílabo, el de trece y el alejandrino. Es decir, que desde que existe lengua castellana hasta el momento en que escribo este libro, las docenas de generaciones de poetas, literatos y críticos castellanos no han sido lo suficientemente perspicaces para ver que, no sólo a esos catorce metros se reducen los de nuestro idioma, sino que todo cuanto se habla y todo cuanto se escribe es metro, es ritmo, es marcha acompasada y musical para expresarse el poeta. Y no sólo no han percibido en la orquesta grandiosa y magnífica de nuestra lengua más que esos catorce pasos numerosos, sino que han creído que los compases de esos metros, su andar característico, era uno, invariable en sus *acentos rítmicos* (o sea los que soportan el peso de la dicción), y sí solo mudables en los *acentos débiles* (a los cuales creo que se les designa más *gráficamente* llamándoles *flotantes*).

Y hay que convenir, en vista de eso, en que han tenido un oído *limitado* nuestros antecesores, pues que no han llegado a oír el *ritmo infinito*, el compuesto por docenas y docenas de metros de las más inopinadas variedades, como demostrado y *fijo* por diferentes poesías, de un modo irrecusable, queda en mis dos cartas anteriores.

Pero todavía han reducido más el límite de su percepción musical, pues sólo por incidente se han expresado alguna vez en varios de esos metros *oficiales*, viniendo a encerrarse en la marcha rítmica del octosílabo y endecasílabo preferentemente, y menos en el hexasílabo, heptasílabo y alguno otro. Es decir, toda la poesía de todos los siglos que llevamos en España de literatura, expresada dentro de *unos cuantos* pasos rítmicos.

"Y sin embargo —se me dirá— ¡qué siglos XVI y XVII tan hermosos!" Efectivamente, atendiendo a la *sustancia poética* (salvo la muchísima palabrería artificial), ¡qué magníficos, qué soberbios... pero qué aburridos en punto a la indigencia rítmica y a la pobreza de combinaciones de estrofas! ¡Qué eternas liras, qué eternas letrillas, qué aburrimiento de estribillos, qué desesperación de pareados finales, qué forzamientos de décimas y cuántos potros retóricos, donde la inspiración tenía camisa de fuerza y grillos y esposas! He de advertir que lo *clásico*, en el alto y sano sentido de la palabra, lo pongo sobre mi cabeza, como he dicho ya muchas veces, y pareciéndome la de mi cabeza exigua y menguada altura, lo pongo en el quinto, en el último y más alto cielo.[62] En la lectura y en el estudio de los clásicos (a los cuales me he sabido de memoria en un tiempo) formé el poco de gusto literario que yo pueda tener; ellos han sido mi base, mi culto, mi guía, y creo que se necesita poca vista para no echar de ver, leyendo mis librejos, que de los clásicos desciendo, cosa de la que me enorgullezco. Así lo indicó *Clarín* al hacer un estudio de una de mis obras, y acertó como acostumbra.[63]

Volviendo al acento, diré que es tan caprichoso, tan voluble y *mariposeante*, que de un mismo número de sílabas, al revés de lo que se ha creído hasta ahora, hace pasos rítmicos que en nada se parecen a los consagrados por la retórica. Y me refiero aquí, no al acento *flotante*, voluble de suyo, sino al acento *enérgico*, al que lleva el *peso* de la marcha. Véase, si no, la diferencia entre estos endecasílabos de Moratín:

> Sabia Polimnia en razonar sonoro
> verdades dicta, disipando errores:
> mide Urania los cercos superiores
> de los planetas y el luciente coro[64]

y estos endecasílabos de Rubén Darío, en los que se refiere a la poesía:

> Griega es su sangre, su abuelo era ciego;
> sobre la cumbre del Pindo sonoro,
> el sagitario del carro de fuego
> puso en su lira las cuerdas de oro.
> ....
> Ella resurge después en el Lacio
> siendo su lengua del tedio exterminio,
> lleva a sus labios la copa de Horacio,
> bebe Falerno en su ebúrneo triclinio.[65]

¿En qué se parece el andar rítmico de las dos estrofas de Darío al de la de Moratín? Absolutamente en nada. Sin embargo, ¡oh retóricos, oh seres vulgares y hueros!, las tres estrofas son de versos de once sílabas. Luego vuestros *preceptos retóricos* sobre el acento ruedan por el suelo como cosa sin consistencia. Así son vuestros cerebros, como los conceptos que dictan, completamente fofos. Y no quiero citar más ejemplos de esta índole, porque, visto un botón, vista la docena y el paquete.

¡Oh! no se puede decir: "el acento, dentro de tal metro, descansa fatalmente sobre esta o aquella sílaba". *El acento es el ritmo*, y viene de las profundidades del alma del poeta marcando marchas músicas, pasos distintos, andares numerosos, *según* la idea o el sentimiento que vengan expresando. Esto es cuando se trata de los poetas originales, de los verdaderos, de las almas músicas; que cuando se trata de poetas hechos por el cultivo, por el estudio, por el buen gusto y por el talento, el acento manda fatalmente donde cae la retórica, como que entonces *no es una melodía que sale de un alma*, es el compás arquitectónico que se forma *fuera* con la atención y el cuidado y un poco de vibración nerviosa, *no legítima*.

Querer poner *a priori* el acento es no estar persuadido de lo que es un poeta, en el cual, al producirse la poesía, los acentos vienen ya puestos desde allá de lo hondo del espíritu: de allí brota la música, allí *cuaja* el ritmo de un modo inconsciente, allí el verso se mueve, palpita, anda, antes de que el poeta mismo haya podido darse idea de qué clase de metro viene hacia fuera expresando su idea o su sentimiento. Por eso no hay forma ni fondo, sino que todo es ritmo, ritmos distintos y variados, según la emoción que los engendra.

Un poeta es un organismo musical, distinto, en su *esencia*, del de los demás seres. Es una especie de lira rítmica que si una pena la sacude, se queja en ritmo; que si una alegría la envuelve, canta en ritmo; que si repercute en ella la Naturaleza, devuelve esas repercusiones hechas cláusulas isócronas y vibrantes. Un poeta es una organización maravillosa, fenomenal, que siente en música, piensa en música, se expresa en música. Es un criadero de formas métricas en las cuales van sus ideas y sentimientos. Como hay trozos de la Naturaleza que se manifiestan por órdenes de cristales, por *ritmos plásticos*, así un poeta manifiesta su inspiración hecha compases, hecha metros, hecha músicas perfectamente definidas y concretas. Los demás seres humanos, al hablar, al escribir, como se ha visto en las dos cartas que anteceden, se expresan en metros, sí, pero revueltos, sin orden, sin gracia, sin belleza, sin inspiración, sin estar sacudidos por la chispa divina; pero en el poeta todos esos acordes se dan ordenados, todos esos metros vienen emparejados con sus líneas análogas, la rima busca la rima, las voces hermanas se avienen, y todo ondula acompasadamente dentro de la euritmia y de la belleza.

Para esta clase de seres no se han escrito los tratados de retórica; al contrario, fijándose en lo *externo* de ellos, en los efectos, han sido escritas las retóricas. De la gestación de una poesía nadie ha dicho nada aún; de cómo cuaja en voces articuladas su ritmo, su paso armónico, nada ha dicho ningún profesor pedestre: éste ve la cáscara, y a ella se atiene, y de ella no pasa.

¿No han visto ustedes cómo se falsifica una esmeralda, cómo los cristales de una piedra selecta? Pues eso son los *endecasilabistas* y hasta los *versificadores*, cosa formada por el saber, la voluntad y otras cualidades excelentes, pero inferiores al genio.

Pero ya que no sienten el *ritmo,* el *canto* dentro de ellos, ni pueden evolucionar su espíritu, y ya que no hay cosa que se hable o que se escriba que no sea metro, ensanchen el círculo de sus formas habladas, cambien de metros, empleen otros que no sean los de siempre, ideen estrofas de modo diferente combinadas, no nos tengan en perpetua monotonía los oídos y los ojos con su arquitectura caduca y con sus galopes siempre y siempre invariables.

No quiere esto decir que se arrincone lo viejo en materia de estrofas y metros; sería un absurdo pedir eso; pero es justo pedir que, sin perder esas formas de expresión, algunas de las cuales son hermosísimas, se revolucionen el léxico, el ritmo y la estrofa, y aparezcan, cautivándonos, más vibrantes y bellas formas poéticas. No pueden variarse la sustancia humana y la índole de la naturaleza, pero sí pueden variarse los moldes, los troqueles del arte: negar esto sería una necedad y sería negar que no han existido el clasicismo, el romanticismo y el naturalismo, por ejemplo.

Demasiado se me alcanza que cada idioma, según su naturaleza, tiene un metro o dos que son comunes a la raza y que se entienden mejor por todos, que penetran con más facilidad por todos los oídos, y que esos metros son más a propósito que los demás para dirigirse a la colectividad. Pero yo pregunto: ¿el arte de una nación es para la colectividad? ¿Esa colectividad lo entiende? ¿Está penetrada de él? ¿Lo necesita para recreo de su alma? ¿Sabe su alcance? ¿Constituye una base de su vida como la constituye en el hombre culto? Ni lo entiende, ni lo penetra, ni lo necesita, ni mide su alcance, ni constituye una base de su vida, y le tiene completamente sin cuidado que lo haya ni que lo deje de haber, y es más aún, le molesta, lo rechaza.

A lo sumo, la colectividad parará su atención, *para pasar el rato*, en el arte que no es tal, arte representado por la obrilla teatral *de telones* falta de sentido común, por la novela de folletín, y por los versos de *retruécanos* sólo capaces de entretener a cerebros en estado infantil.

Pues si el arte, si el exquisito arte no es para el vulgo, ¿a qué esa obstinación en no emplear en la lírica española más metros ni más estrofas que los que entienda el vulgo? La poesía, cosa de dioses, debe expresarse con el lenguaje de ellos, sin menospreciar los metros del vulgo cuando sean necesarios. Lo que ocurre en España es que como la mayoría de los poetas son vulgo, vulgo ramplón, hablan como para ellos mismos: de ahí su pobreza de expresión, su falta de anhelos poéticos, de formas, de ritmos, de originalidad, de todo.

Usted, por ejemplo, amigo Yxart, siente la necesidad de formas nuevas de expresión; *Clarín*, hace tiempo, dijo que "en la poesía castellana hacía falta una revolución rítmica" ;[66] muchas otras personas sienten también ese deseo, y aún los poetas mismos, *allá en la intimidad de su conciencia*, saben que todo eso sería beneficioso, pero *lo disimulan*. (Lo disimulan, porque ellos comprenden que no han de ser los que han de tirar la primera piedra, y para no ser ellos quienes la tiren, prefieren que todo siga como está; no hay más razón que ésta, y se les conoce la intención a la legua.) Pero si ellos no, alguien vendrá que no deje de dar los primeros pasos en ese sentido, aunque le persiga la *furiosa jauría*: reclama esa necesidad el estado de nuestra poesía, fosilizada y sin jugo; la reclama el público docto, los mismos artistas, la colectividad ilustrada; esa misma que no hace caso del Teatro Español[67] porque está harto de retórica, y la misma que dejó de leer las novelas de folletín y aplaude la novela ya evolucionada, y la música evolucionada, y la escultura evolucionada, y la pintura evolucionada; esa colectividad misma, que ya es acaso más numerosa de lo que puede creerse, es la que pide que, al igual que sus hermanas en arte, se evolucione en España la poesía lírica.

Con lo que usted ilustre la opinión, se tendrá mucho adelantado.

Siempre de usted admirador y amigo,

SALVADOR RUEDA.

10

LA POESÍA COMO RESUMEN DE LAS BELLAS ARTES

Sr. D. J. Yxart.

Mi querido amigo: aunque me quedan todavía muchas, muchísimas cosas que decir sobre el tema de este libro, forzoso es que, por reclamarme otros asuntos, lo termine, y lo termine hablando de la poesía como resumen de las bellas artes.

Basta sólo fijarse un momento para ver que, efectivamente, la pluma en manos de un poeta tiene mucho de un pincel, de pentagrama, de cincel y hasta de escuadra. Según que la naturaleza tienda a lo escultórico, a lo músico o a lo pictórico, le llamaría yo poeta-escultor, poeta-músico o poeta-pintor. En este último caso se encuentra Gautier, en el segundo Zorrilla y en el primero Leconte de Lisle: los tres poseen naturalezas completamente distintas y los tres son grandes poetas. En Leconte de Lisle, por lo general, el ritmo es plástico, marmóreo, *fijo*; en Gautier el ritmo son matices, tonos, tintas; transmite la idea por el color; en Zorrilla el ritmo es inconcreto, alado, vaporoso; vuela, ondula, mariposea, vaga; transmite la idea por la música.

No hay que pedirle a cualquiera de los tres que sea como cualquiera de los otros dos: no podría ser ninguno de ellos más que como es, como que se trata de cosa tan honda e invariable como es la del temperamento; y si algún crítico ha creído que Gautier trató de tomar por asalto el campo de la pintura, convirtiendo la pluma en pincel, con todos los respetos que merece ese crítico diré que me parece que en lo que es cuestión de naturaleza, de carácter, de inclinación inevitable del temperamento, no puede nada la voluntad. Gautier, creo sinceramente que no trató sistemáticamente, por voluntad, por propósito, de asaltar el campo de la pintura; fue que él nació con un pincel en la mano que a la vez era pluma. Si hubiese tratado de ahogar en sí esa característica de su temperamento escribiendo de otro modo distinto al que escribió, hubiera sido un *artista hipócrita*, puesto que hubiese hecho libros de un modo que él no sentía. Fue su temperamento original, y así hay que considerarle. Además, él no tenía la culpa de que la pluma lleve en su naturaleza el ser algo pincel, bastante, mucho, en ocasiones más que el pincel mismo (apelo al *Quijote* de Cervantes), como no tiene culpa Leconte de Lisle de que la pluma por naturaleza sea escultórica, tan escultórica como los versos marmóreos de este poeta, ni tuvo asimismo culpa Zorrilla de que la pluma, por su condición, sea musical, tan musical como la música. Sí, por derecho propio, porque Dios ha querido, la pluma del poeta es un resumen de todas las bellas artes; en ella está la línea, la música, el color; en ella está todo, con la ventaja sobre las otras artes de que no tiene que luchar con la finita extensión e inmovilidad del lienzo, ni con la fijeza y limitación del bloque, ni con lo inconcreto de la música. Por lienzo, la pluma tiene el cuadro entero de la vida y de la Naturaleza; sus estatuas se mueven, hablan, gesticulan, ríen, lloran de verdad, son todas las figuras humanas; su pentagrama abarca todos los motivos humanos y divinos y los cuaja en ritmos que articulan palabras sobre cuyo significado no cabe duda; superior al teatro, su foro no es el limitado por telones; es todo el Universo, y aun los universos imaginarios que invente el poeta.

¡Pues considere usted, mi querido amigo, si teniendo en su mano nuestros poetas tan prodigioso instrumento como es la pluma, la cual tiene ritmos y metros en cuanto se escribe y se habla; que posee la línea, el color, la música; que tiene todos los órdenes de la arquitectura escrita; que su escenario es lo mismo el alma humana que el Universo; considere usted si no es de lamentar con toda el alma que esos poetas se limiten a expresar unos cuantos temas, podridos de viejos, con el mismo pálido léxico, al cual se le ha caído el color, ha perdido la vibración y se trata en vano de que hable, de que cante!

Yo no pido que ninguno de esos poetas violente su naturaleza, no: lo que pido es que se penetren de lo que es la esencia de la poesía; que estudien los medios de expresión, que indaguen los misterios que hay en el ritmo hablado, el cual no es sólo compás, sino que es idea, emoción; que se persuadan de que la plasticidad escrita lleva también idea, de que el color expresado con palabras es asimismo idea, sensaciones, fuerza, y que den en la cuenta de que en la arquitectura escrita, en la combinación de estrofas, va el modo de ser del que las dispone, temperamento, personalidad, alma, que se diferencia de las demás cuando el artista pone la suya en lo que escribe, y no solamente en lo externo del arte.

Estudiado el idioma, fijándose en los distintos torneados de la frase poética, penetrándose de los efectos de las agrupaciones de voces, estudiando las palabras que esculpen, que pintan o que cantan, buscando la armonía y propiedad entre el asunto y el metro (cosa que no hacen nunca), y amando el arte con todo el corazón y toda la vida, y pensando en él, y soñando en él, y dedicándole todo lo mejor del espíritu, estoy seguro de que, si no todos, algunos de nuestros poetas empezarían a evolucionar la poesía castellana, dándole emociones reales, sensaciones vívidas y no artificiales, y consistencia, y gracia, y flexibilidad.

Exponiéndome acaso a la censura de los viejos consagrados y *momificados* de nuestra hueca poesía castellana, diré que veo en varios compañeros míos, jóvenes, elementos para que iniciaran, por lo menos, esa evolución en la lírica; lo que les hace falta es unirse, caminar a un fin (cada cual por su camino propio), compenetrarse, hablar entre ellos, discutir, entablar polémicas sobre caracteres de autores, crearse atmósfera artística, y. . . no odiarse en secreto.

Conque, mi querido Yxart, yo pongo aquí punto, no porque no haya todavía tela cortada en asunto tan amplio, sino porque tengo que dar cumplimiento a otros trabajos. Ojalá yo haya podido dar a usted en el transcurso de estos capítulos una observación, una nota, un solo rasgo que le sea útil para su obra, la cual espero, que será magistral, como de usted. Su libro no será acaso de crítica palpitante y actual como es este mío, sino más bien de tendencia filosófica, técnico, abstracto. Creo que con él hará usted un inmenso beneficio a la poesía española. Por mi parte, lo aguardo como quien aguarda la luz del cielo con la cual se ha de iluminar.

A oscuras y dando tropezones y con la pluma *a toda llave*, he mal desarrollado el tema del ritmo: a oscuras, porque, como usted bien dice, nadie ha escrito absolutamente nada sobre este asunto en todo lo que va de literatura española;* dando tropezones, por lo débil de mi paso y por no haber tenido autores en que apoyarme, y con la pluma a toda llave, porque de las veinte obras que llevo escritas, ninguna he trazado con tanta prisa como ésta. Todas estas razones deben atraerme la indulgencia de usted y del público, jueces a cuya bondad entrego estas hojas impresas, en lugar de echarlas al viento.

SALVADOR RUEDA

---

* Ni los estudios gramaticales de D. Andrés Bello ni el discurso académico de Barbieri hablan una palabra del ritmo propiamente dicho.[68]

NOTAS

¹ José Yxart y Moragas (1852-1895) fue uno de los más reputados críticos teatrales españoles del siglo XIX. Autor del importante ensayo *El arte escénico en España* (Barcelona, 1894-96; hay una edición facsímil de 1987, Barcelona, Ed. Alta Fulla) y activo colaborador de diversas revistas literarias. Sus artículos críticos en torno a diferentes géneros literarios se reunieron en sucesivos volúmenes bajo el título *El año pasado* (1886-1890). Al acceder a la presidencia del Ateneo de Barcelona, en 1892, pronunció un discurso sobre *La crítica literaria contemporánea* en el que se quejaba de su retraso en España con respecto a otros países europeos.

² En el número 543 de *La Ilustración Ibérica*, correspondiente al 27 de mayo de 1893, 334, Salvador Rueda publicó un largo poema titulado "El troquel (Al célebre crítico mi amigo J. Yxart)", referido a la poesía como resumen de las bellas artes. Comienza "El taller incesante y continuo."

³ Eduardo Benot y Rodríguez (1822-1907), pedagogo y filósofo del lenguaje, "hondo conocedor de la métrica castellana", según Julio Cejador (*Historia de la lengua y literatura castellana*, VIII, ed. facsímil, 400). Acerca de sus novedades y su supuesta relación con la teoría de Rueda, vid. páginas xviii-xx de la Introducción.

⁴ El Modernismo catalán tiene, frente al del resto del país, personalidad propia; así lo estimaba el mismo Darío: "Esa evolución que se ha manifestado en el mundo en los últimos años y que constituye lo que se dice propiamente el pensamiento *moderno* o nuevo ha tenido aquí su aparición y su triunfo más que en ningún otro punto de la Península" (*España contemporánea*, Obras completas, tomo III, 34-35).
Giovanni Allegra destaca en *El reino interior. Premisas y semblanzas del modernismo en España* (Madrid, Encuentro, 1986) cómo los periódicos barceloneses, entre ellos *La Vanguardia*, se mostraron pronto receptivos hacia las nuevas ideas, de manera que las corrientes innovadoras penetraron antes de 1890. Hay que culpar en gran parte al personalismo de los estudios sobre la época modernista (centrados en la figura de Darío) de la escasa atención concedida al movimiento en Cataluña, que tuvo importantes reflejos en todas las manifestaciones artísticas. La "Primera Festa Modernista" fue organizada por Santiago Rusiñol en 1892; en ella, y en las que siguen, colaboraron Casellas, Cortada, Brossa, Maragall, Rusiñol y Pompeu Gener. Junto a estos autores cabe destacar el papel de críticos como Miguel de los Santos Oliver, Manuel de Montolíu y el mismo José Yxart o el de periódicos como *L´avenç*, *Pel & Ploma* o *La Ilustración Ibérica*. Indicaba Rueda en "Dos palabras sobre la técnica literaria" (1899) que acerca del ritmo había varios autores con capacidad para ofrecer interesantes opiniones: "tienen un deber, una santa obligación de ilustrar en estos asuntos a España (que es la nación donde menos se ha escrito de ellos) el maestro Clarín, la señora Bazán, Benot, Rubén Darío, Pompeyo Gener, Cavia, Rusiñol, Commelerán, Benavente y otros que ahora mismo no recuerdo" (187).
En 1899, José M.ª Llanas Aguilaniedo aseguraba aún la singularidad de Barcelona con respecto al resto del país en su asimilación del modernismo. Refiriéndose a los

colaboradores de *La Vanguardia* y *L'Avenç*, afirmaba: "Éstos son los únicos que han trabajado en regla por la introducción del modernismo en su país; en el resto de España, los que más, nos hemos dado por satisfechos con sentir hacia él cierto platonismo, ya que no lo hayamos tomado a broma como hacen los espíritus superiores, si que también risueños" (*Alma contemporánea*, 70).

5 Juan Díaz de Rengifo es autor del arte poética más famoso de la literatura española: *Arte poética española*, Salamanca, Miguel Serrano de Vargas, 1592. Su amplia difusión en el siglo XVII continúa en el siguiente, cuando se publica una edición aumentada por José Vicens y otras varias. Tanto su fama como su desprestigio los debe a la inclusión de un apartado métrico que ofrece la clasificación de métrica castellana más completa de su época. Por su evidente carácter elemental y escasa profundidad doctrinal, se convirtió en libro de consulta para los aprendices de poeta. En palabras de Antonio Vilanova: "su utilidad práctica no admite paliativos y cabe afirmar que todos los malos poetas españoles del siglo XVII han manejado el Rengifo como libro de texto en los primeros ensayos de su aprendizaje poético. Él ha sido durante siglos el máximo legislador y preceptista ejemplar en materia métrica [. . .]. Esta extraordinaria popularidad entre el vulgo profano de romancistas ignorantes de la latinidad y de poetas legos poco conocedores de la lengua toscana es la que origina su descrédito como autoridad preceptiva" ("Preceptistas españoles de los siglos XVI y XVII", *Historia general de las literaturas hispánicas*, III, Barcelona, Barna, 1953, 595). Los grandes poetas del siglo XVII ni tan siquiera lo citan, manteniéndose la autoridad de las poéticas latinas y de los escritos de Tasso o el Pinciano. Ya en el siglo XVIII, si Ignacio de Luzán lo nombra como autoridad, Leandro Fernández de Moratín lo toma como ejemplo de mal gusto: "¿Qué es Poética? El arte de hacer coplas. ¿Qué son coplas? Unos montoncitos de líneas desiguales, llamadas versos. ¿Qué es un verso? Un número determinado de sílabas. ¿Qué dificultad ofrece su composición? Los consonantes. ¿Cómo se adquieren estos consonantes? Comprando un Rengifo por tres pesetas" (*La derrota de los pedantes*, Madrid, Benito Cano, 1789, 42).

6 Rueda indica más tarde en el texto que estas palabras no son cita sino traslado de juicios expuestos oralmente por Darío. No he encontrado, en cualquier caso, la procedencia de este juicio en similares términos, que coinciden con los que Rueda expone en *El ritmo*, aunque se leen consideraciones cercanas en artículos primerizos de Rubén como "De Catulle Mendés. Parnasianos y decadentes" (1888; recogido en *Obras desconocidas de Rubén Darío*, ed. de Raúl Silva Castro, Santiago, Universidad de Chile, 1934).

Giovanni Allegra cita este párrafo para matizar la cercanía de ideas entre Rueda y Darío, pues, considera, encierra el sentido de algunos versos de "El coloquio de los centauros" (*El reino interior*, 116-117).

7 Théodore de Banville (1823-1891), como otros poetas franceses, fue admirado por Rubén, quien sigue la moda parnasiana en su obra primera. En el prólogo a *El canto errante* (1907) se refiere al aplauso que merecieron su "Elogio de la seguidilla" y el "Pórtico" compuesto para *En tropel*, poemas definidos como "atrevimientos líricos, que eran entonces, lo confieso, muy inocentes, y apenas de un modesto parnasianismo" (en *Obras Completas*, V, 953).

⁸ El respeto y la admiración que Salvador Rueda sintió por el conocido novelista y temido crítico Leopoldo Alas *Clarín* (1852-1901) fueron permanentes. Como bien indica Narciso Alonso Cortés, se convirtió en una especie de "oráculo", causante, en gran medida, de los cambios de rumbo que experimenta la estética renovadora del malagueño a partir de *Sinfonía del año* ("Armonía y emoción...", 41). Testimonio de tal aprecio son estimaciones como esta: "Él [*Clarín*] es todo saber, todo fantasía, y a la vez análisis, todo concentración, todo penetración, todo originalidad"; "es una especie de conciencia que se pone delante de nosotros cuando escribimos" ("Los maestros. Leopoldo Alas Clarín", *La Gran Vía*, núm. 81, 3 enero 1895). En otro lugar le escribía con respecto a *Cantos de la vendimia*: "Cuando me conteste / dígame del libro / qué tacho, qué corto, / qué rayo, qué pincho, / qué trova echo fuera / y qué trova limo"; véase el artículo de José María Martínez Cachero, "Salvador Rueda escribe a *Clarín* (Una epístola en verso inédita)", *Revista de la Universidad de Oviedo*, XLIX y L (1948), 140. *Clarín*, por su parte, le correspondió con su apoyo, si bien le corrigió y zahirió con dureza en varias ocasiones. Consciente de su ascendencia sobre Rueda le contaba en *Los Madriles*: "Como sé que, aunque no lo merezco, usted hace algún caso de mis opiniones y de modo de sentir, y de *gustar* especialmente, tengo que irme con muchísimo cuidado para hablarle de sus obras. Si por no ayudar a su *desvanecimiento* soy demasiado severo, puedo causarle un disgusto inútil, contraproducente; pero si le elogio más de lo justo, y usted, que cree, y hace bien, en mi imparcialidad y mi franqueza, me tome al pie de la letra lo dicho, el mal es más grave" ("Cartas a Salvador Rueda, I", 20 julio 1889, 3). Sergio Beser resume algunos de los juicios que jalonan su relación en *Leopoldo Alas, crítico literario*, 207. Ofrece otros datos Marcos G. Martínez Martínez, "Cuatro cartas de Leopoldo Alas a Salvador Rueda. 1887-1888", AA.VV., *Clarín y "La Regenta" en su tiempo*, Oviedo, Universidad, 1987, 1.081-1.088.

La coincidencia entre las opiniones de Rueda y *Clarín* con respecto a la poesía de la época es expresa en varios aspectos. *Clarín* propugnó la necesidad de una renovación rítmica, en la que apenas confiaba a causa del pobre plantel de poetas que habrían de llevarla a cabo. Como Rueda, los llama imitadores y sigue: "Han aprendido los *misterios* y técnicas de la métrica en el instituto provincial y eso les basta; no han vuelto a pensar en las profundas y complicadas leyes del ritmo en su relación con la idea bella. Todo se reduce a escribir *como* Campoamor, *como* Bécquer, o *como* Núñez de Arce, o *como* Quintana o *como* los traductores de los poetas clásicos o extranjeros" (*Ensayos y revistas (1888-1892)*, Madrid, Fernández Lasanta, 1892, 269-70). También como Rueda, *Clarín* muestra cierta frialdad hacia Núñez de Arce, y aprecia la obra de los parnasianos como Banville, Sully-Prudhomme y Leconte de Lisle.

Pese a haber sido citado muchas veces como abanderado de la reacción antimodernista, Alas no fue absolutamente hostil hacia la juventud literaria; sí desconfiado. Sergio Beser subraya su interés por la obra de Unamuno, Valle-Inclán, Benavente, Marquina, Darío y Rueda. En cuanto al nicaragüense, su actitud hacia su obra cambiaría con el paso de los años: desde un total rechazo hasta, a partir de 1899, el juicio encomiástico.

⁹ En sentido figurado, hacer algo fuera de lo común para sobresalir o destacar.

[10] La metáfora del abanico es muy utilizada por Rueda para expresar la variedad que habita en la unidad, y enlaza con su concepto de Gran Todo (vid. páginas xxvii y ss. de la Introducción).

[11] Esta carta se publica en *La Ilustración Ibérica* el 15 de julio de 1893, en pleno periodo estival.

[12] Rueda parafrasea, aunque lo utiliza en sentido contrario, el refrán popular "No se puede repicar y andar en la procesión", advertencia para aquellos que pretenden hacer varias cosas al mismo tiempo.

[13] Término de origen incierto: arbusto, de dos a tres metros de altura, de hojas escasas, flores grandes y olorosas de color amarillo que penden en ramos. Propio de la zona mediterránea, es muy común en las montañas españolas y, en concreto, en la sierra malagueña, de la que Rueda procede. Popularmente llamado retama de olor.

[14] "Música que se caracteriza por la utilización de las posibilidades que ofrece la agrupación de varios instrumentos solistas entre sí, la de varios solistas con orquesta o la de varios grupos instrumentales distintos"(*Gran Enciclopedia Larousse*, III, Barcelona, Planeta, 1979). Se trata de otra de las imágenes preferidas por Rueda para aludir a la orquesta que componen todas las cosas y seres de la naturaleza, unidos en una escala de gradación perfecta.

[15] En conjunto, compositores que rompen con la normativa musical de la época y que destacan por la naturalidad y acierto de sus logros rítmicos. Richard Wagner (1813-1883) ejerció gran influjo en su tiempo al romper con las normas estéticas tradicionales de la armonía musical y crear una sonoridad nueva y envolvente. Precursor del simbolismo y del impresionismo, su obra fue muy admirada por los modernistas, como demuestran las continuas dedicatorias y las citas insertas en sus poemas. La ruptura que supuso su concepción musical era resumida de esta manera por Manuel Machado: "Wagner tuvo que romper con la prosodia musical de su tiempo, tuvo que buscar melodías más vagas, más matizadas, pero mucho más grandes y más fuertes. Los oídos modernos no pueden ahora soportar los antiguos valsecitos retóricos" (*La guerra literaria*, 114). Gioacchino Rossini (1792-1868), autor de conocidas óperas, celebradas por su energía rítmica y la particular gracia y originalidad de sus melodías. Ruperto Chapí (1851-1909), uno los revitalizadores de la zarzuela española. Junto a compositores como José Asenjo Barbieri, Federico Chueca, Tomás Bretón y Joaquín Valverde, Chapí rompe con la tiranía de la ópera francesa e italiana "para crear una música escénica nacional en la que el espíritu de la lengua se incorpora a las influencias de la música" (Massimo Mila: *Historia de la música*, Barcelona, Bruguera, 1985, 307). Una efigie suya aparece en la portada de la revista *La Gran Vía*, núm. 83 (27 enero 1895), cuando Rueda es su director, dentro de la sección "Los maestros". Reproduzco el pie de foto, presumiblemente redactado por el propio Rueda: "El banquete dado hace varios días en honor del maestro Chapí, nos depara ocasión oportuna de ofrecer su retrato a nuestros lectores. Al retrato acompañamos un entusiasta aplauso para el autor insigne de *La bruja* y de tantas obras en las que rebosan el color, la inspiración y la originalidad. Chapí tiene el raro privilegio de *pintar*, si así puede decirse, con las notas, cuadros de luz y brillante

colorido, como lo hacía Fortuny con los pinceles; este maestro es una marcadísima personalidad; se le reconoce en un solo *compás,* como a otro maestro, a Campoamor, se le reconoce en un solo verso".

16 Entre las varias originalidades de las que Rueda se preciaba en su "Carta" a Narciso Alonso Cortés (1925) se cuenta la introducción de voces científicas en el vocabulario poético. No sería el caso de "mamífero bimano", expresión repetida en la poesía de autores como Joaquín María Bartrina y sus imitadores; también en la poesía festiva.

Compárese el contenido de esta carta con estos fragmentos de *Alma contemporánea,* de Llanas Aguilaniedo: "La belleza natural como realización suprema de un ideal elevadísimo, es el término de comparación más propio de toda tendencia sana y que pretenda exaltar hasta lo infinito el culto decidido de lo bello. Lo natural es más que una armonía, más que una cuestión de cálculo y de equilibrio; es un arte, un arte hermoso y colosal, en el que no se puede dar un paso sin sentirse impresionado por destellos de la soberana belleza que preside el conjunto [. . .]. Asombra pensar en lo poco nuevo que se ha venido diciendo desde los antiguos hasta nosotros; la estatuaria no ha pasado ya del límite alcanzado por los griegos; de la literatura no puede decirse lo mismo, pero en realidad la moderna no ha hecho más que refinar y empequeñecer; tesoros inapreciables, copiosísimos de poesía *no explorada,* se ocultan y se ocultarán a las miradas miopes de los llanos, aguardando a que los videntes, los genios superiores, los adivinen y manifiesten a los hombres, si pueden [. . .]. Vive el hombre, ignorante, indiferente muchas veces a los acordes del gran concierto natural [. . .]. ¡Naturaleza, Naturaleza! Tú transportas, tú elevas, tú haces soñar con el más delicioso de los sueños; la gigante montaña dormida, que con sus crestas picotea el cielo de los crepúsculos; los saltos y corrientes de agua que con sus huecos sones simulan conversaciones entre seres ocultos en su seno; la brizna de yerba miserable que sumerge en las aguas el extremo de su tallo, moviéndose con ellas y mirándose en su claro espejo mientras el Sol alumbra a lo que vive; el viento que remueve el follaje de altos y severos árboles, hasta erizar las carnes con su ruido especial, incomprensible; los mares que estrellan sus aguas contra las sonoras acantiladas costas, la luna que marca en ellos un surco inmenso, brillante, correspondiendo a una banda negra en el cielo; los soles que parpadean misteriosamente en la altura, el cántico extraño multi-articulado y heterocromo que los seres veladores entonan de noche a coro desde la boca de sus madrigueras o desde la superficie de las charcas; todo ello en un lenguaje de misterio, de sublime éxtasis eterno, habla de tu grandeza soberana, de tu hermosura sin límites, soberbia, incomparable! [. . .] La producción más hermosa, la de belleza inagotable, ¿no es la Creación? Pues estudiémosla y abusemos de las formas sintéticas [. . .]" (211-12, 217). El poeta verdadero para Llanas es aquel que "volviendo los ojos a la madre Naturaleza, vivirá con ella en comunión estrecha y sentirá penetrada su alma del aroma suavísimo y característico de lo bello natural" (214).

17 Manuel José Quintana y Lorenzo (1772-1857), abogado, político, poeta y dramaturgo. Activo luchador contra el Antiguo Régimen, por sus ideas liberales será perseguido a la vuelta a España de Fernando VII; más tarde sufre diversos avatares al compás de los cambios políticos, hasta ser coronado, tras la revolución de 1854, por el valor de su obra y de sus propias convicciones políticas. Su obra poética, en la que destaca su preferencia por el tono oratorio y efectista en octavas reales y odas,

responde al calificativo de civil, al hacer del patriotismo el norte de sus versos. Como indica Albert Dérozier, "la poesía, así concebida, no es un pasatiempo sino un instrumento, y el vocabulario poético está subordinado a la intención política" ("Introducción" a las *Poesías completas* del autor, Madrid, Cátedra, 1969, 36).

Recuerda Rueda el motivo central de algunas de las odas más conocidas e imitadas de Quintana; en el mismo orden: "Al mar" ("Calma un momento tus soberbias ondas") y "A la invención de la imprenta" ("¿Con qué fin el destino"); ambas son apóstrofes líricos. La siguiente aludida: "El Panteón del Escorial" ("En los amargos días"). Tras el ejemplo de Quintana surgen multitud de imitadores que *gritan* a su manera con resultados lastimeros. Pero Quintana es también el inaugurador de una tendencia muy prolífica en la poesía decimonónica en la que se incluyen el sevillano Gabriel García Tassara y Gaspar Núñez de Arce.

El éxito de Quintana entre el público es considerable según prueba el número de ediciones de su obra aparecido a lo largo del siglo XIX. Así, de sus *Poesías* se hacen cuatro entre 1802 y 1825; luego se suceden: *Obras Completas*, Rivadeneyra, 1852; *Obras poéticas*, 1880 (Biblioteca de Autores Escogidos, III); *Poesías sueltas*, 1888 (Biblioteca Universal, CXVIII); *Obras Completas*, nueva edición de lujo en tres tomos, Madrid, Administración, 1897-98; etc. Ofrece datos completos Dérozier en la edición citada.

En la crítica a la poesía quintanesca, Rueda coincide con otros autores del momento, entre ellos *Clarín*, quien, al inicio de su *Apolo en Pafos*, coloca entre los alimentos que engulle Apolo "una sustancia amarillenta que, según después supe, era *foie-grass* de poeta quintanesco degollado en el momento crítico de inflarse para cantar al mar, o al sol, o a Padilla, o a Maldonado. . . o al inventor del hipo" (cito por la edición preparada por Adolfo Sotelo Vázquez, 3-4).

18 Las canciones y leyendas de José de Espronceda y Delgado (1808-1842) alcanzaron una gran popularidad y ayudaron a formar una aureola maravillosa en torno a su persona; a construir este halo contribuyeron esos "vislumbres byronianos" y satánicos que cita Rueda. De hecho, en la valoración crítica de la obra de Espronceda ha pesado mucho la comparación con Byron, una de sus fuentes de inspiración. (Sobre esta ascendencia véase Esteban Pujals, *Espronceda y Lord Byron*, Madrid, C.S.I.C., 1951). Alude Rueda a la muy popular y memorizada "Canción del pirata" ("Con diez cañones por banda"), con la que, según Robert Marrast, Espronceda inventa un tipo de expresión poética totalmente nuevo que se caracteriza por la sencillez del lenguaje, fuera de adornos retóricos (edición de J. de Espronceda, *Poesías líricas y fragmentos épicos,* Madrid, Castalia, 1970). También, recuerda la desesperación característica de otras tantas de sus composiciones románticas, desesperación que se convierte en signo de una moda que perpetúan sus seguidores. La plasmación del sentido extremo, a la manera romántica, es el modelo seguido por Rueda en el poema que le dedica, titulado "Espronceda", que empieza: "Alma que acerba fuiste como un raudal de llanto / alma que en viva lumbre temblaste sin sosiego, / alma que como lámpara quemaste tu óleo santo / hecho una llama trágica que dio gritos de fuego", epílogo a J. de Espronceda, *El diablo mundo*, prefacio de Felipe Sassone y poesía-epílogo de Salvador Rueda, colección "Los Poetas", núm. 7 (15 septiembre 1928), 185. Espronceda no compone ningún texto que se identifique con la titulada "A mi madre", aunque sí utiliza con frecuencia el endecasílabo en varias dedicadas a otros personajes; lo que Rueda pretende satirizar es el uso reiterado del endecasílabo como único metro

posible para cantar cualquier clase de tema. También se citan sus dos leyendas largas: *El estudiante de Salamanca* (1836-1840) y *El diablo mundo* (1840-1842).

En torno a la original poesía de Espronceda se crea un círculo de amigos e imitadores, entre los que se cuentan destacadas firmas del momento: José García de Villalta, Antonio Ros de Olano, Patricio de la Escosura, Fernando de la Vera e Isla, Eugenio de Ochoa, cuya obra popularizó aún más sus motivos y estilo.

Su fama se afirma a partir de 1835 y crece tras su muerte, en 1842, cuando empieza su leyenda, y continúa, pasado ya el romanticismo, durante la Restauración. Joaquín Marco contabiliza treinta y ocho ediciones de sus versos hasta 1900 y subraya su difusión incluso en pliegos, con lo que ello supone para la ampliación de su potencial lectorado ("Poesía y público en el siglo XIX", en AA.VV., *Literatura popular y proletaria*, Sevilla, Universidad, 1986, 136). Robert Marrast da cumplida nota de tales ediciones, que corroboran la extraordinaria popularidad de Espronceda (véase la edición citada, 47-50). Para Richard Cardwell fue uno de los poetas más leídos y glosados en el fin de siglo: "Lo que dejó el Byron español a los jóvenes modernistas coincidió exactamente con su mismo sentido de vacío espiritual. La influencia fue directa" ("Los albores del modernismo: ¿producto peninsular o trasplante trasatlántico?", *Boletín de la Biblioteca Menéndez Pelayo*, LXI [1985], 318-319).

19 José Zorrilla y del Moral (1817-1893), por su larga vida, sobrevive al romanticismo y continúa escribiendo versos, en los que asimila rasgos realistas, hasta el final de sus días. Su popularidad no decrece en estos últimos años, jalonados de lecturas públicas en diversos teatros del país, hasta alcanzar su coronación como poeta en Granada, en 1889, en una tumultuosa ceremonia. Zorrilla mantiene y defiende entonces su concepto de la poesía como himno y música, remedo de la universal. Sobre esta parcela de la poesía zorrillesca versa mi "Zorrilla y el *Tiempo nuevo* (Lectura de la poesía de sus últimos años)", *Philologia Hispalensis*, IV, I (1989), 327-342.

El principal objetivo de la poesía zorrillesca es la musicalidad del verso, la búsqueda y forja de la armonía, como luego harán los modernistas. Construye una poesía sensorial en la que persigue la adecuación del ritmo a la idea. Con este fin realiza innovaciones métricas en las que utiliza las posibilidades de la acentuación intensiva y la variedad de ritmos y metros (polimetría, escalas métricas) Sin embargo, frente al intimismo y sencillez becquerianas, Zorrilla se muestra grandilocuente y enfático, desmedido en la plasmación de sentimientos, de verbo excesivo; hipérbole que tanto daño hizo a su poesía. Las generaciones posteriores preferirán el matiz al énfasis.

Poeta prolífico, compone gran número de textos poéticos y dramáticos que serán muy imitados posteriormente. Entre los primeros sobresalen sus leyendas (en las que se funden rasgos narrativos, dramáticos y líricos), recreaciones del pasado tradicional español construidas bajo una óptica romántico-historicista de corte conservador. La caballerosidad y el honor, la defensa de la patria y la religión son algunos de los temas preferidos por Zorrilla. Gusta el poeta de introducir una nota de misterio o fantasía que anima el desarrollo de la fábula; por ejemplo, en *Margarita la Tornera* y *El capitán Montoya*. Muy populares, y especialmente imitadas, fueron también sus serenatas y orientales, en las que acentuó la belleza de sus metáforas cromáticas y la sensualidad de sus descripciones. El interés de Zorrilla por lo oriental fue permanente a lo largo de su carrera: ya presente en las composiciones de su primer volumen de *Poesías* (publicadas entre 1837-1840), permanece en *Los gnomos de la Alhambra*

(1886), pasando por su inconcluso *Granada* (1852), el mejor testimonio de la riqueza del tema morisco en la poesía romántica española. En este poema se inserta "La leyenda de Al-Hamar", donde Zorrilla utiliza con gran acierto la escala métrica .(La escala métrica es una forma de polimetría. Se produce cuando en una composición los versos aumentan en una o varias sílabas hasta un metro culminante y luego disminuyen de la misma forma. Como apunta Rudolf Baehr, *Les Dijnns* de Victor Hugo es considerado el modelo de la escala métrica en el romanticismo; *Manual de versificación española*, Madrid, Gredos, 1981, 86).

Salvador Rueda admira sobre todas la poesía zorrillesca, cuya influencia en sus propios versos es evidente. El nombre de Zorrilla sale a colación en sus escritos en prosa siempre como ejemplo de buena poesía (en la "Carta" a Narciso Alonso Cortés le califica de "divino" y "extrahumano"); en verso le dedicó algún poema (cfr. *Canciones y poemas*, ed. C. Cuevas, 23-25). Esta cercanía ha originado el que se reste importancia a sus innovaciones para acercarle al romanticismo: "la obra de Rueda está más cerca de Zorrilla que de Rubén Darío, que innovará realmente la estética de la poesía española", indicaba Guillermo Díaz-Plaja (*Modernismo frente a Noventa y Ocho*, 286). Por su parte, Rueda se vanagloriaba de la estima que el maestro sentía por su persona y obra: "Llegamos a ser cotidianos amigos, aunque él era un anciano y yo era un joven. Decía que no se podían leer más versos que los míos, y que el oxígeno mismo que tenían dentro le volvía las hojas de mis libros al lector" ("Carta" a Narciso Alonso Cortés, 202).

Los lectores de la poesía zorrillesca, como sus imitadores, fueron muy numerosos. Pese a que su fama se viese ensombrecida por la grandilocuencia excesiva de su verbo, fue apreciado por las nuevas generaciones. Darío hablaba del estilo "mitad perlas, mitad mieles y flores, de las leyendas del maestro Zorrilla" en la dedicatoria de su también leyenda "Alí", y en diversos lugares le destacó por encima de otros vates decimonónicos, entre ellos Campoamor y Núñez de Arce. Tanto en "Alí" como en "La cabeza del Rawí" se advierten tópicos orientalistas de procedencia zorrillesca.

Se puede afirmar que, como bien supo ver Rueda, en la obra de Zorrilla se encuentran precedentes importantes de muchos aciertos del modernismo, insistiendo, así, en su enlace con el movimiento romántico; me he ocupado de este tema en mi "De ruidos y quimeras (Zorrilla y las nuevas generaciones poéticas)", *José Zorrilla. Nuevas lecturas en su Centenario*, Universidad de Nottingham/Universidad de Colorado en Boulder, de próxima aparición.

[20] Gustavo Adolfo Domínguez Bastida (1836-1870), conocido como Gustavo Adolfo Bécquer (apellido de la familia de su padre), es el célebre autor de una colección de *Rimas* que, compuesta entre 1857 y 1868, fue publicada en 1871 por los amigos del autor, ya fallecido. En ediciones posteriores se añadirán nuevos textos. Las rimas, como ya he comentado en otros lugares, son el resultado de un proceso de depuración del romanticismo en el que desempeñan un importante papel las influencias germánica y popular española, proceso iniciado por los baladistas y autores de cantares. Pese a ser criticada por su procedencia extranjera, esta tendencia poética renovadora terminó alcanzando una enorme popularidad, hasta constituirse en una de las más influyentes y prolíficas del medio siglo. Es, por último, la tendencia más apreciada por la generación del fin de siglo, que reconoció en Bécquer y Rosalía de Castro el intimismo y la sugerencia ahogados por la poesía realista al estilo de Campoamor y Núñez de Arce.

Tras la publicación de su colección de rimas, la fama de Bécquer aumenta con rapidez; crecen en consecuencia sus imitadores (la "cáfila becqueriana"), que captan sólo rasgos aislados, y casi siempre exteriores, de su estilo y sentido: así, el uso frecuente del verso agudo, el tipo de la mujer fría, que hace sufrir al poeta (rimas XXXIX, XLVI y, sobre todo, la que empieza "Dices que tienes corazón y sólo", que aparece en el *Libro de los gorriones* [manuscrito de 1868], no en la edición de 1871), las frecuentes oposiciones y antítesis (Manuel Ossorio y Bernard, aludiendo a la popularidad del estilo becqueriano, aludía a la "moda de la poesía de contrastes" y ofrecía un ejemplo dando prueba de lo fácil que resultaba copiar el esquema desnudo: "Tú eres la dicha, yo soy la pena, / yo el navegante, tú la sirena / etc.", *La República de las letras*, en *Obras escogidas*, tomo I, Madrid, Imp. de Juan Pueyo, 1928, 39) o el tema lúgubre de la rima LXXIII ("Cerraron sus ojos").

Es de notar que también para Rueda, al igual que para los modernistas en general, Bécquer es "el divino", y cómo en la caracterización de su persona y obra utiliza referencias que pertenecen al acervo modernista (o que, al menos, ellos utilizan y acentúan): el poeta de los ensueños, de las vaguedades del alma, de las armonías interiores, de los horizontes azules, o esa calificación de "vate hipnotizante, de alas líricas untadas de opio y morfina", ya decadente.

21 Ramón de Campoamor y Campoosorio (1817-1901), probablemente el más popular de los representantes de la poesía realista. La temprana publicación de su original colección de *doloras*, en 1846, motivó el que su influencia alcanzase a todos los poetas del medio siglo, incluyendo a Núñez de Arce y Bécquer. Las *doloras* son composiciones épico-líricas breves y dialogadas ("drama tomado directamente de la vida", según dice el mismo autor en su *Poética*, Madrid, Victoriano Suárez, 1883, 31) en las que, con un lenguaje sencillo, se ponen de manifiesto las eternas verdades de la vida humana a través del sentimiento o el concepto. Si desde un principio se subrayó la novedad de esta forma poética, algunos la negaron indicando su parentesco con la fábula o el apólogo; vid., por ejemplo, Enrique Piñeyro, *El romanticismo en España*, París, Garnier Hnos., s.a., 258. Campoamor, con actitud antirromántica, propone un mayor acercamiento a la realidad y defiende la importancia del fondo, de la filosofía del poema. En su *Poética* rechaza el mantenimiento de un lenguaje exclusivamente poético y pretende una poesía de sencillez expresiva, escrita en lenguaje común, que todos pudiesen entender, por lo que será acusado de prosaísmo y didactismo.

Su poesía sencilla, exponente de las verdades universales, crea escuela y marca el inicio de una tendencia poética de gran arraigo en el siglo, caracterizada por el predominio de lo conceptual y su sencillez expresiva. De las *doloras* se editaron treinta ediciones en cinco años. Su éxito fue tal que el nombre del nuevo género figura como subtítulo también en composiciones en prosa (vid. mi *El poeta y el burgués. Poesía y público 1850-1900*, 109). Sin embargo, la mayoría de sus muchos imitadores sólo captará lo superficial de su teoría, y en la práctica se convertirán en esos "psicólogos de a ochavo", que confunden la llaneza expresiva con la vulgaridad.

Escribía José M.ª de Cossío: "Campoamor es *inimitable* [. . .]. Cuantos han intentado su imitación han caído en la *parodia*" (*Cincuenta años de poesía española...*, 320). Coincide Rueda con esta afirmación y ofrece una parodia de una dolora, de la que se toman sus rasgos externos: el sentido común, el contraste conceptual y la sencillez expositiva. Característico de la dolora es el uso final de un estribillo, que condensa la idea o la verdad del texto (a veces se utilizan refranes o frases hechas), en ocasiones también de rima aguda. En cuanto al uso de onomatopeyas, se encuentran igualmente ejemplos entre las doloras campoamorinas, así en "El concierto de las campanas", que termina: "¡Ay, cuán falsamente unida / va con la muerte la vida! / ¡Qué inútil es nuestro afán! / ¡din don, din dan! / ¡Qué breves las dichas son! / ¡din dan, din don!'". Estos juegos le reportaron a Campoamor no pocas burlas y se conviertieron en objeto de sátira. Cuando Manuel del Palacio y Luis Rivera, en su *Cabezas y calabazas* (2ª ed., Madrid, Librería de Miguel Guijarro, 1864, 22-23), particular enciclopedia cómica en verso de personajes célebres del momento, retrataban al poeta, de procedencia asturiana, utilizaban una estructura similar. Cito sólo los primeros versos: "—¿De dónde vienes? / —De Asturias. / —¿Qué buscas en Madrid? / —Pan. / ¡Dalán, dalán!".

En cuanto a los otros géneros inventados por Campoamor, las *humoradas* y los *pequeños poemas*, fueron también imitados con profusión. Entre los últimos, que —según Cossío— despertaron una verdadera "fiebre", se encuentra *Los amores en la luna*. De la *humorada* (un "rasgo intencionado", o la moraleja condensada de la *dolora*, sin dramatización, según el mismo Campoamor) se ofrece igualmente una parodia: su característica ironía conceptual deriva en vulgar chiste. Lo cierto es que también algunas *humoradas* originales presentan una caída similar.

La recepción de la obra de Campoamor entre los modernistas fue desigual. En un principio, su popularidad en América es tanta como en España, y se vislumbra su influencia en la obra de jóvenes autores que luego tomarán caminos muy distintos. Algunos, como es el caso de Darío, le sitúan por encima de los otros vates del siglo: "La poesía de Campoamor resalta en la poesía de este siglo con singular magnitud", escribía en *España contemporánea* (75). Por su parte, Rueda exagera refiriéndose a sus "imágenes deslumbradoras"; más tarde modificaría su parecer. En *Cantando por ambos mundos* apuntaba: "Campoamor, quien quizás amó demasiado las imágenes de Víctor Hugo y de otros extranjeros" (XIV).

22 Temas repetidos en la poesía realista, sobre todo en la tendencia civil o quintanesca, que une a la elocuencia de su verbo la predilección por estrofas mayores como la oda y por los temas trascendentales. El patriotismo, las disquisiciones en torno al progreso y sus formas y al propio siglo, convertido en asunto literario, dan pie a multitud de composiciones, de tal manera que se hace difícil abrir un libro en el que no figure algún poema centrado en estos temas. Algunos ejemplos: "El mar" de Antonio Fernández Grilo; "La locomotora", de Ventura Ruiz Aguilera; "A la locomotora", de Melchor de Palau; "El siglo XIX", de Antonio Fernández Grilo; "El dos de mayo", de Ventura Ruiz Aguilera; "El tren eterno", de Manuel de la Revilla. También Rueda dedicó algún poema al tren ("El tren"). Puntualiza Guillermo Carnero cómo su actitud es contraria a la de otros modernistas en lo referente al tema del progreso; mientras el modernismo rechaza los valores científicos y técnicos, "Rueda oscila entre la admiración propia de un cateto hacia los avances de la ciencia y la técnica y la condena explícita, en tonos tribunicios de protesta social, de la civilización urbana" ("Salvador Rueda: teoría y práctica del modernismo", 295).

23 Referencia a la célebre composición de Andrés Fernández de Andrada, "Epístola moral a Fabio" ("Fabio, las esperanzas cortesanas"), escrita hacia 1613 y una de las cumbres de la poesía horaciana, según comenta Elías L. Rivers (*Poesía lírica del Siglo de Oro*, Madrid, Cátedra, 1987, 293). Se trata, pues, de la tradición poética del Siglo de Oro continuada en el XIX por los autores de corte clasicista. En el prólogo a *Cantando por ambos mundos* Rueda coloca esta composición entre sus

favoritas, que conoce de memoria ya desde su adolescencia: "La oda *A las ruinas de Itálica*, que aún sigue imitándose; los versos de Jorge Manrique; la *Epístola moral a Fabio*; la voz de Garcilaso; la de Fray Luis de León, el *son a poeta* de Góngora, aunque tenían repercusiones del antiguo clasicismo, me parecieron cosa distinta de lo demás, y tenían en mí ciega adoración" (XV). Él, a diferencia de los malos poetas, no se estancó en este gusto y buscó un tono poético personal.

24 Juegos poéticos que cobran notoriedad en los siglos XVIII y XIX, y se hacen muy abundantes en la segunda mitad de esta última centuria. Los *acrósticos* son composiciones poéticas en las que las letras finales o iniciales de los versos forman una palabra o frase; los *pentacrósticos* son textos de acrósticos múltiples. Según Rafael de Cózar, en esta época comienzan a ser estudiados e incluidos en preceptivas, antologías y revistas (*Poesía e imagen. Formas difíciles de ingenio literario*, Sevilla, El Carro de Nieve, 1991, 360). Destaca Cózar el importante ensayo de León Carbonero y Sol, *Esfuerzos de ingenio literario* (Madrid, Sucesores de Rivadeneyra, 1890). Revistas como *La Cruz* (1852-1866; propiedad y dirección del mismo Carbonero y Sol) y *El Pistón* (nacida en 1864, su director fue Javier González Estrada) incluyeron numerosos ejemplos de variados artificios literarios, entre los que sobresalen acrósticos y laberintos. Figuran como colaboradores suyos los más conocidos y respetados poetas del momento: Valera, Campoamor, Núñez de Arce, etc.

25 Vid. página xxvi de la Introducción.

26 El poeta se refiere a los chanquetes, peces pequeños muy parecidos a las crías de boquerón, propios de la costa malagueña. En la reseña al libro *Triquitraques*, de Emilio Bobadilla, volvía a aludir a ellos: "*boquerones de ciento en sopa*, como se dice de ciertos boquerones de Málaga" (*El ritmo*, edición de la "Biblioteca Rueda", 112).

27 Sin diéresis en el *Diccionario de la Real Academia Española* (ed. de 1970). Compuesto de *world*, mundo, y *speak*, hablar, es el idioma inventado en 1879 por el sacerdote alemán Johann Martin Schleyer (1831-1911) con el propósito de que sirviese como lengua universal. Su aprendizaje se extendió con gran rapidez por toda Europa y se enseñaba también en la Universidad de Madrid. En España, su difusión entró en pugna con la lengua universal ideada por Bonifacio Sotos Ochando (1785-1869), dada a conocer ya en 1851. En torno a ambas lenguas se formaron bandos de defensores y detractores. Véase Manuel Mourelle-Lema, *La teoría lingüística en la España del siglo XIX*, Madrid, Prensa Española, 1968, 111-152.

28 La valoración que la obra de Núñez de Arce merece a Rueda cambia con el paso de los años. En 1880, como muestra de admiración, le había dedicado el poema "Arcanos", publicado un año más tarde junto a "Idilio" precedido de una agradecida carta de Núñez de Arce (*Dos poesías. Con una carta de Núñez de Arce*, Málaga/Madrid, Tip. El Mediodía/Bailli-Bailliere), e incluido, más tarde, en *Noventa estrofas* (1883). A partir de este momento, Núñez de Arce se convirtió en su protector, atrayéndole a Madrid y guiándole en sus lecturas. Según indica Cristóbal Cuevas en el prólogo a su edición de *Canciones y poemas*, incluso corrige sus composiciones y le presta un trato paternal. Pero el aprecio de Rueda hacia la obra del maestro desaparece en su persecución de un estilo personal y natural. Núñez de Arce pasa a formar parte

entonces de los poetas quintanescos (negados ya en su artículo "Gatos y liebres", de 1891, y en *En tropel*), pervertidores del verso castellano al construir una lírica de artificio. En *El ritmo* argumenta una falsa sobrestima para eludir otros posibles comentarios sobre su obra. Josefina Romo Arregui acusa a Rueda de infidelidad, y califica la nota de *El ritmo* de "subterfugio" (*Vida, poesía y estilo de D. Gaspar Núñez de Arce*, Madrid, C.S.I.C., 1946, 114-115).

Ni en *El ritmo*, ni en los textos anteriores mencionados, se advierte la crítica explícita a Núñez de Arce; sí a la poesía quintanesca en general. Ya sin rodeos se manifiesta Rueda en su madurez. Escribía en la "Carta" a Narciso Alonso Cortés (1925), refiriéndose a su llegada a Madrid: "No sospechó entonces el autor del *Vértigo* [conocido poema del vallisoletano], que mi arte había de ser antídoto del suyo y del general que entonces reinaba, y menos podía sospecharlo yo" (201). Más tarde, le relaciona entre los poetas principales del siglo, pero la adjetivación que suma a su nombre es reveladora: si Bécquer es "el divino", Espronceda, "el humano" y Zorrilla, "el milagroso", Núñez de Arce es "el clásico-retórico". También en *Cantando por ambos mundos* Núñez de Arce forma parte de los imitadores: "Núñez de Arce, que calcaba el endecasílabo castellano que culminó en Quintana" (XIV). Como señala de nuevo Romo Arregui, más justo fue Darío, quien alabó la buena factura de su verso y su afán por cincelar la estrofa.

29 Théophile Gautier (1811-1872) y Gustave Flaubert (1821-1880). En *Apolo en Pafos*, Alas también prefería las modernas tendencias de la poesía francesa a los poetas medianos de España: "¿Ves ese pesimismo, ese trascendentalismo naturalista —le dice a la musa Erato—, ese orientalismo panteístico o nihilista, todo lo que antes recordabas tú como contrario a tus aspiraciones, pero reconociendo que eran fuentes de poesía a su modo? Pues todo ello lo diera yo por bien venido a España, a reserva de no tomarlo para mí, personalmente, y con gusto vería aquí extravíos de un Richepin, *satanismos* de un Baudelaire, *preciosismos* psicológicos de un Bourget, *quietismos* de un Amiel y hasta la procesión caótica de simbolistas y decadentes; porque en todo eso, entre cien errores, amaneramientos y extravíos, hay vida, fuerza, cierta sinceridad, y sobre todo un pensamiento siempre alerta" (77-78). Atiéndase también a la siguiente cita extraída de una de las críticas que siguen a *El ritmo* en la edición original: "¿Que si a mí me gusta la literatura y la poesía francesa de este último tiempo? ¿Cómo no, cuando los que las producen se llaman Moréas, Maurras, Bourget, Maurice Barrés, Anatole France, y otros poetas, críticos y novelistas de igual importancia? Lo que no me gustan son las extravagancias ni la *posse*: a éso prefiero nuestras letras reposadas y patriarcales de España" ("Prefacio. Del libro *Sensaciones de arte*", *El ritmo*, edición de "Biblioteca Rueda", 137). En "Los melódicos y los instrumentales" (1907) Rueda arremete contra autores como Mallarmé, Laforgue, Khan: "[Éstos] como todos los hombres, son para mí, en cuanto entidades humanas, dignos del más alto y más hondo respeto: su falta de *talento profundo* y su *pose*, no me merecen respeto de ninguna clase" (166).

30 En estas frases Rueda ensarta toda una serie de temas y rasgos relacionados con la poesía quintanesca, resumen o símbolo del patriotismo y el valor hispano. *Otumba* es una ciudad cerca de la cual se libró, en 1520, la batalla en la que Hernán Cortés venció a los aztecas tras sangrienta lucha. *Pelayo*, rey de Asturias, organizó en 718 el primer núcleo de resistencia contra los musulmanes. Durante su reinado se produjo la victoria cristiana de Covadonga, que marca el inicio de la Reconquista. En la poesía

cívica de Quintana el recuerdo del pasado glorioso español y del heroísmo de los soldados que construyeron el imperio de los Habsburgo es un motivo recurrente: "¿Qué hicisteis / del inmenso poder que se extendía / con pasmo universal de polo a polo?" ("El panteón del Escorial"); "y España manda a sus leones / volar rugiendo al alto Pirineo" ("Al armamento de las provincias españolas"). Como sus temas, su entonación tribunicia, sus expresiones y giros se convierten en tópicos para sus seguidores. El tema de la *duda* es obsesivo en los poetas de esta tendencia: su mejor exponente en el siglo XIX, Gaspar Núñez de Arce, llamado "el poeta de la duda", asegura en uno de sus poemas que "la duda audaz, la asoladora duda / como una inundación cubre la tierra" ("La duda", en *Gritos del combate,* 2ª ed., Sevilla-Madrid, Libr. de Fe, 1880, 50); Gabriel García Tassara se pregunta: "¿No hay para el alma luz y eternamente / será la humana mente, / de paz, de dicha y de ilusión desnuda / de la tierra y del cielo en los senderos, / pastos de estos buitres carniceros, / la horrible negación, la horrible duda?" ("La noche", *Poesías,* Madrid, Rivadeyra, 1872, 9); léase también de Quintana el poema "Elegía" y de Emilio Ferrari, "Soledad del alma". Por su tono altisonante y su sentido civil, las *tronadas retóricas* son la marca estilística de la poesía de Núñez de Arce. Ya en Quintana se encuentra la oposición entre el "arpa de oro"(la poesía virgen) y "la lira de Tirteo" (la de la tormenta y el trueno, propia de la poesía combativa, patriótica o civil); véase su oda "A España después de la revolución de marzo". *Pimpleo,* perteneciente o relativo a las musas (Pimplea, del griego *Pímpleia,* nombre de un monte y de una fuente de la Pieria consagradas a las Musas).

31 Se trata de fragmentos del poema "Al mar. Oda", incluido en *Renglones cortos* (1880), primer libro de Rueda, y posteriormente coleccionado, con el título "Desde el mar", en *Noventa estrofas* (1883) y *Cantando por ambos mundos* (1914). Cristóbal Cuevas ("Romanticismo y modernismo en el primer Salvador Rueda") ha realizado una edición crítica de *Noventa estrofas* y ha anotado las variantes de este texto en sus varias versiones. Tal y como aparece en *El ritmo,* es una distinta. Este texto ofrece un testimonio del apego de la primera producción de Rueda a la poesía en la línea de Núñez de Arce y al romanticismo, y en este sentido se ofrece como ejemplo. Los resultados son una composición enfática, altisonante y poco personal: el apóstrofe lírico, la personificación de elementos de la naturaleza, tomada en sus momentos más grandiosos, la adjetivación extrema y redundante, el uso continuo de exclamaciones e interrogaciones retóricas, la artificiosa actitud existencial, todos son rasgos heredados de Quintana y pasados por el romanticismo. Rueda quiere demostrar que con el uso adecuado de un tono, un asunto, un metro y un léxico determinados, en fin, con el uso de una fórmula, se pueden escribir composiciones casi idénticas. Compárese, por ejemplo, con García Tassara y otros poetas de este corte. Sin embargo, no debía de despreciar esta composición cuando la incluye, de nuevo, en *Cantando por ambos mundos.*

32 Sustantivo derivado del apellido de Joseph Michael Montgolfier, mecánico francés (1740-1810), inventor —junto a su hermano Jacques Étienne— de los globos aerostáticos. El primer experimento público se realizó en 1783.

33 No localizo la procedencia de estos versos. En *Renglones cortos* figura un texto titulado "La tempestad", de distinto signo. Compárese con "El aquilón" o "La tempestad" de García Tassara, "Tempestades" de Emilio Ferrari, o "El huracán" de

Antonio Fernández Grilo, en donde se aprecian versos idénticos. Reproduzco algunos del poema de Grilo: "Ven, soberbio huracán, dame tu brío, / y al ronco acento que cantando exhalas, / yo cruzaré los mundos del vacío / en el trono fulgente de tus alas !! / Llega hasta mí; tu rápida carrera / detén bajo mi planta vacilante / y súbeme contigo hasta la esfera / que llena el sol con su esplendor radiante. / Romperemos los dos el áureo velo / de las nieblas que bordan el espacio; / tocaremos los pórticos del cielo; / nos abrirán sus senos virginales / grupos de blancas nubes, / y de luz entre mágicos raudales / oiremos los suspiros celestiales / que ante el Señor levantan los querubes" (*Ideales. Poesías escogidas*, París, Sánchez y Cía, 1891, 48-49). Por último, en las *Coronas* dedicadas a Quintana en 1855 se encuentran numerosos y ripiosos ejemplos de esta moda seudoclasicista. (Estudio esta permanencia en mi artículo "La persistencia clasicista en la poesía decimonónica: Las *coronas* a Manuel José Quintana (1855)", *Philologia Hispalensis*, VI, I [1991] 237-247).

34 Rueda alude a la moda de las lecturas públicas, de gran prestigio en el siglo, realizadas tanto en centros oficiales (Ateneos, Centros políticos o la Real Academia), como en teatros y salones particulares. Algunos poetas se especializaron en este tipo de actos; es el caso de Antonio Fernández Grilo, en lo referido a los salones, o de José Zorrilla, a los teatros. Para otros autores, las lecturas eran el camino de la popularidad o incluso de su consagración definitiva, como le ocurrió a Emilio Ferrari con la recitación del poema *Pedro Abelardo*. Comenta José M.ª Martínez Cachero que tal lectura "motivó un singular estremecimiento en los auditores" ("La obra de Emilio Ferrari", *Archivum*, X, 1-2 [enero-diciembre 1960], 137-228, cita de la página 168). Para muchos críticos de la época, *Clarín* entre ellos, las lecturas poéticas eran sinónimo de mal gusto y pedantería. Así, cuando señala la escasez de buenos poetas entre la juventud literaria, en varias ocasiones añade, como si se tratase de una frase hecha, expresiones como "lo cual no quita que en el Ateneo y en los periódicos se descubra un Espronceda o un Zorrilla cada pocos meses" o "Pasma ver cómo aplauden gacetilleros y ateneístas las más insignes vulgaridades" (de *Mezclilla*, Barcelona, Lumen, 1987, 301).

También Rueda pasó por el Ateneo para leer su poema "Lo que no muere", y fue muy aplaudido. *Clarín*, sin embargo, comentó muy duramente este texto en "Cartas a Salvador Rueda, I", *Los Madriles* (20 julio 1889), 3.

35 Cita muy repetida, procedente del *Discurso sobre el estilo* (1753) de Georges-Louis Leclerc, conde de Buffon (1707-1788). En él se actualizan las normas de la poética clasicista.

36 Seudónimo del cubano Emilio Bobadilla (1868-1921), poeta y novelista, periodista y crítico mordaz muy conocido en la segunda mitad del siglo. Fue colaborador de *Madrid Cómico*, donde mantuvo una ruidosa polémica con *Clarín* (vid. datos sobre ella en la respuesta de Bobadilla a la encuesta sobre el modernismo publicada por *El Nuevo Mercurio*, núm. 4, abril 1907, 398-400), de *El Liberal*, *Los Lunes de El Imparcial*, *La Lectura*, etc. Situado entre las filas de los antimodernistas, zahirió con frecuencia a Rueda y a Rubén Darío (vid. "Desde mi celda", *Alma española*, 8 noviembre 1903, 10). En "El color de las letras", Bobadilla, tras analizar la procedencia del gusto por la mezcla de sensaciones, que localiza en Góngora, concluye la falta de originalidad de algunos modernos: "Ya lo sabe mi amigo Rueda,

que se figura ser el Colón de este *nuevo* mundo... descubierto por Góngora hace la friolera de tres siglos, sobre poco más o menos" (*Crítica y sátira*, Cuba, Ed. de la Universidad de La Habana, 1964, 212). Entre los artículos que completan el volumen de *El ritmo* publicado por la "Biblioteca Rueda" figura uno dedicado a *Triquitraques*, libro de Bobadilla (vid. página v de la Introducción).

37 En minúscula en el original.

38 Vid. nota 7. José M.ª de Heredia (1842-1905) y Charles-Marie Leconte de Lisle (1818-1894). Rueda se refería en "Los melódicos y los instrumentales" a cómo la mayoría de los poetas americanos preferían la "pluma" francesa a la española, una "pluma —indicaba— de opio, de ajenjo, de morfina". Frente a tal degradación él oponía "el París grandioso de los Hugo, los Leconte de Lisle, de los Prudhomme, de los Coppée, de los Musset, de los Lamartine, de los Heredia" (162).

39 Fragmento de "La carrera", poema contenido en el apartado "La leyenda de Al-Hamar", de *Granada. Poema oriental* (1852), que Rueda cita de memoria: en el segundo verso, escribe *midiendo* cuando es *ganando*. "La carrera" es uno de los mejores ejemplos de escala métrica de la poesía zorrillesca (véase nota 19); es decir, del intento de adecuar el metro al contenido. Con este sentido lo utiliza Rueda. Sin embargo, en la "Carta" a Alonso Cortés insistía, coincidiendo con lo expuesto en *El ritmo*, en la necesidad de abandonar esta mecánica externa e inconsciente para acercarse más a la realidad de la expresión (vid. página xxvi de la Introducción).

40 Fragmento de la rima LXXIII, "Cerraron sus ojos", una de las más conocidas de Bécquer, incluida por Menéndez Pelayo entre las *Cien mejores poesías líricas de la lengua castellana*. Rueda cita también de memoria: en el verso cinco Bécquer escribe *largas* y no *frías*, y los últimos ocho versos deberían estar al principio. En cuanto al verso doce de la cita, escribe *a solas*, coincidiendo con la versión de *Rimas* publicadas en 1871, no así con la del *Libro de los gorriones*, donde figura *a veces*. (Cfr. Russell P. Sebold, ed., *Rimas* de Gustavo Adolfo Bécquer, Madrid, Espasa-Calpe, 1991, 339).

41 Pedro Felipe Monlau (1808-1871), catedrático de Literatura e Historia de la Universidad de Barcelona, y de Psicología y Lógica en el Instituto de San Isidro, en Madrid, miembro de número de la Real Academia de la Lengua, etc. Autor de *Elementos de literatura o tratado de retórica y poética para uso de los institutos y colegios de Segunda Enseñanza* (4ª edición, Madrid, Rivadeneyra, 1862). En la "Advertencia" previa al texto se indica que el manual fue declarado útil para las Universidades y demás establecimientos públicos de enseñanza en 1843 y, a partir de esta fecha, incluido en la lista oficial de libros de texto. Fue muy utilizado por las cátedras de Literatura y Humanidades, tanto españolas como americanas.

Esta es la definición de Retórica que se lee en el manual: "La Retórica es indudablemente un *arte*, una colección de *reglas*. / Arte quiere decir: *colección de reglas para hacer una cosa bien*; esto es, de modo que pueda servir para el uso a que la destinamos. / Reglas, en las artes, son: *ciertas leyes que prescriben al artista lo que debe hacer, y lo que está obligado a evitar, para que sus obras tengan toda la perfección posible*" (2).

⁴² Según me indica el profesor Rafael de Cózar, a quien agradezco la información, Rueda compuso artificios poéticos que se incluyeron en algunos periódicos. Dado el elevado número de textos suyos insertos en la prensa, aún no hay un catálogo global del conjunto de su obra.

⁴³ Es decir, nada. No he localizado la procedencia de esta frase hecha.

⁴⁴ "En las universidades, título y honor que se da al que se gradúa en una facultad o ciencia" (*Diccionario de la Real Academia Española*, edición de 1970)

⁴⁵ Término introducido en el *Diccionario de la Real Academia Española* en 1869. Joan Corominas y José A. Pascual (*Diccionario crítico etimológico castellano e hispánico*, II, Madrid, Gredos, 1980) indican su procedencia del árabe "kúrsi", aunque señalan la voz como de etimología dudosa. Primera documentación en 1865, Emilio Lafuente, *Cancionero popular*. Sus derivados *cursería* y *cursilería* se documentan en Juan Valera y Vital Aza respectivamente.

Pese a que se aporten varias etimologías y acepciones en diferentes lugares, lo que parece evidente es la raíz decimonónica de la voz *cursi*, nacida con la burguesía y muy apropiada para definirla. Como señala Enrique Tierno Galván, en un artículo todavía fundamental sobre esta cuestión, "lo cursi es una cualidad del comportamiento burgués"; se relaciona con el deseo de subir, de aparentar, imitando la forma de vida de las clases superiores a ella ("Aparición y desarrollo de nuevas perspectivas de valoración social en el siglo XIX: lo cursi", *Desde el espectáculo a la trivialización*, Madrid, Tecnos, 1987, 73-99). Sus varias acepciones se relacionan con la ostentación y la desmesura. En mi *El poeta y el burgués,* 232-240, caracterizo como *cursi* la estética dominante en la poesía realista, así como el gusto de su público receptor. La burguesía restauradora trata de emular la forma de vida de la aristocracia, a la que intenta ascender. Su deseo, por ejemplo, de poseer libros (identifica la biblioteca del noble con su alcurnia) y su gusto por la poesía (que considera forma sublime del arte, propia de seres refinados) se relacionan con este deseo de ascensión social. Esta podría ser una de las causas de la moda de la poesía en la segunda mitad del siglo XIX.

⁴⁶ Vid. nota 8. Aunque nacido en Zamora, Alas vive y enseña en Oviedo desde 1882 hasta su muerte en 1901.

⁴⁷ La Academia de Bellas Artes de Roma fue creada en 1873 por iniciativa de Castelar. En su nómina figuran como directores artistas tan destacados como el pintor Casado del Alisal y el escultor Mariano Benlliure. Sobre ella puede verse Esteban Casado-Alcalde, *Pintores de la Academia de Roma. La primera promoción*, Madrid, Ministerio de Asuntos Exteriores-Lunwerg Eds., 1990.

⁴⁸ Maricastaña es un personaje proverbial, símbolo de antigüedad muy remota.

⁴⁹ Vid. nota 15. Federico Chueca (1846-1908), iniciador del llamado "género chico", es el autor de zarzuelas tan populares como *La Gran Vía* y *Agua, azucarillos y aguardiente*.

⁵⁰ Mariano Benlliure y Gil (1862-1947), escultor realista, autor, entre otras obras, de la estatua de Velázquez situada ante el pórtico del Museo del Prado, también del monumento a Alfonso XII en el Retiro de Madrid. Fue director de la Academia de Bellas Artes en Roma y director general de Bellas Artes. Ricardo J. Catarineu le situaba entre la *gente nueva*, junto a pintores como Sorolla, actores como María Guerrero o Emilio Thuiller, etc. (apéndice a *La caja de música* de Ricardo Gil, en *Obras Completas*, tomo II, Murcia, Tip. San Francisco, 1931, 223). Antonio Susillo (1857-1896), llamado "el Fortuny del barro"; sus especialidades fueron los relieves históricos y las estatuas de personajes célebres. En "El peso de las palabras" (163) Rueda los mencionaba también como ejemplo de artistas que componen con inspiración y no sólo con técnica y cálculo. En el contexto del arte del periodo, ambos son artistas renovadores que rompen con las convenciones arqueologizantes, imponiendo la naturalidad en las líneas. En la sección "Arte moderno", que hace de portada de *Blanco y Negro*, se reproducen en el año 1894 sendas obras de estos escultores; también en *La Gran Vía* (19 mayo 1895, Rueda es su director) figura un artículo dedicado a Susillo, firmado por J. de S. (¿José de Siles?), en el que se destaca la originalidad de su factura.

⁵¹ Pese a la triste estimación que la Real Academia Española le merece, Rueda quiso ingresar en ella y lo intentó en varias ocasiones sin resultado. En 1901, producida una vacante a la muerte de Campoamor, escribió a Galdós pidiéndole su padrinazgo en su solicitud de ingreso (cfr. S. de la Nuez y J. Schraibman, eds., *Cartas del Archivo de Galdós*, Madrid, Taurus, 1967, 355-356); no lo consiguió y, en 1907, volvió a intentarlo sin éxito. Extraña la pretensión del malagueño cuando el carácter conservador de la Academia era proverbial ya por estas fechas y él se vanagloria de todo lo contrario.

El rechazo al inmovilismo conservador defendido por la Academia es una constante entre las nuevas generaciones de escritores. Indica Justo Broto Salanova que Pompeu Gener, en su libro *Literaturas malsanas. Estudios de patología literaria contemporánea* (1894), se refiere al "Gramaticalismo" y al "Retoricismo" como a "dos vicios nacionales" favorecidos por los criterios de la Corporación (*Alma contemporánea*, de Llanas Aguilaniedo, 73, nota 111). También Llanas Aguilaniedo manifiesta esta actitud negativa hacia la Academia (vid. *Alma contemporánea*, 73). Por otro lado, coincide Rueda con *Clarín* en sus apreciaciones. El segundo, en su *Apolo en Pafos*, pone en boca del Conde de Cheste (Juan de la Pezuela y Ceballos, presidente de la corporación) las siguientes palabras: "la Inquisición ataba el pensamiento, y nosotros atábamos la lengua" (32).

⁵² *Clarín*, de nuevo en *Apolo en Pafos*, salvaba a algunos académicos de la quema general ("A éstos se les quiere a pesar de ser académicos. . .", 62): Castelar, Campoamor, Valera, Núñez de Arce, Tamayo y Baus, Menéndez Pelayo, Zorrilla, Alarcón y varios más. Por la fecha en que se redacta *El ritmo*, también formaban parte de ella Benot, Galdós, Balart y otros autores que podrían contarse entre los "inmortales" según el criterio de Rueda.

⁵³ El pensamiento lingüístico expuesto por Rueda participa de la vertiente psicofisiológica del lenguaje, de base evolucionista, que defiende la doctrina de la elaboración progresiva del lenguaje natural. Algunas de las expresiones utilizadas por Rueda son similares a las de Eduardo Benot en *Temas varios* (Madrid, Tip. de Manuel G. Hernández, 1884), sobre todo los artículos "Los átomos" y "Los ciclos de la vida". Benot, por otra parte, admite tal teoría en *Arquitectura de las lenguas* (tres tomos, Madrid, Juan Sánchez editor, s.a.).

⁵⁴ En la referencia a la Laguna Estigia Rueda comete un desliz, aunque no llamativo por la proximidad fónica de los términos intercambiados. El nombre del barquero que, según la tradición grecolatina, ayudaba a las almas de los muertos a pasar la Laguna Estigia es Carón o Caronte, no Aqueronte. Éste es el nombre de otro río del Hades; para algunos estudiosos constituye el paso hacia sus entrañas.

⁵⁵ Se ridiculizan lugares comunes y expresiones características de gran parte de la poesía decimonónica, insistiendo en su artificiosidad y falta de sentimientos sinceros. En primer lugar, la burla se dirige de nuevo a la poesía quintanesca y seudoclásica, usando la predilección de sus seguidores por el apóstrofe lírico, los giros sintácticos e imágenes lexicalizadas, o la invocación a la musa (o a Dios). "¡Dadme rosas, / dadme lauro inmortal que adorne y ciña / sus frentes generosas!", son versos de la oda "Al mar" de Quintana; compárense con los siguientes: "¡Oh! dadme la lira: la lira celestial; que Dios me inspira" ("A la victoria de las Navas", de Antonio Aparisi y Guijarro), "Dadme la lira: inspiración ardiente" (primer verso de la oda dedicada a Quintana por Arístides Pongilioni, incluida en la *Corona de "La España Musical y Literaria"*, 1855); "Dame la trompa de oro"("Invocación", de Gabriel García Tassara); "Dame el arpa, ¡oh Señor de los profetas!" ("Canto bíblico", del mismo); etc. De nuevo llama la atención la precisión de Rueda a la hora de abstraer los rasgos comunes a los muchos malos o medianos poetas; lo que tampoco es difícil dada la realidad del calco casi absoluto que muestran unos frente a otros. *Clarín*, en *Apolo en Pafos*, ridiculiza similares motivos.

Más tarde, se refieren expresiones igualmente manidas tomadas de la poesía festiva y costumbrista, de tono satírico y casticista. Esta poesía alcanza un gran auge a partir de 1880, de mano de revistas tales como *Madrid Cómico* (fundada este mismo año), en coincidencia con el apogeo de la zarzuela. Las páginas de ésta y otras varias revistas, que proliferan por toda España, se llenan con los nombres de Vital Aza, José López Silva, Sinesio Delgado, Antonio Casero, José Jackson Veyán, etc., los autores predilectos del público por entonces. *Madrid Cómico* era para las nuevas generaciones la revista de la *gente vieja*, ejemplo de la degradación del género y del gusto lector. Los valores que defendía resultaban igualmente caducos para los jóvenes: "En *Madrid Cómico* lo rige todo una actitud materialista complaciente de pequeña burguesía satisfecha, un patriotismo altisonante y falso: unos valores, en fin, puramente convencionales y caducos" (Geoffrey Ribbans, "Riqueza inagotable de las revistas literarias modernas", *Revista de Literatura*, XIII, 25-26, [enero-junio 1958], 31). Así lo veía Manuel Machado: "La Poesía española se moría en medio del desprecio general, entre las zumbas del *Madrid Cómico*, mantenedor de la lírica festiva más insulsa del mundo" (*La guerra literaria*, 103).

56 *El Liberal* (1879-1939), diario de información general, representante del *new journalism*, pasa por ser "el diario más completo y más adaptado a su época de todos los diarios de entonces" (Jesús Timoteo Álvarez, *Restauración y prensa de masas. Los engranajes de un sistema (1875-1883)*, Pamplona, EUNSA, 1981, 292). Según Pedro Gómez Aparicio, su éxito y amplia tirada se debe al equilibrio conseguido entre lo informativo y lo literario. Desde un principio concedió una gran relevancia a la literatura, a lo que contribuyó la labor y el criterio de Isidoro Fernández Flores, creador de *Los Lunes de El Liberal* (se inicia en el tercer número del periódico, ya en 1879) (*Historia del periodismo español (de la revolución de Septiembre al desastre colonial)*, Madrid, Ed. Nacional, 1971, 412).

Junto a Fernández Flores, sobresale en su redacción el periodista Miguel Moya Ojanguren (1856-1920), que llegaría a ser su director en 1890. Moya fue, además, un hombre destacado tanto en el mundo de la prensa como de la política y de las letras, como demuestran algunos de sus cargos oficiales: presidente y fundador de la Asociación de la Prensa de Madrid, diputado en el Congreso por el partido liberal, y secretario segundo de la sección literaria de Bellas Artes del Ateneo Científico y Literario de Madrid. Gracias a él se le abrieron las páginas del periódico a los jóvenes escritores, tanto españoles como hispanoamericanos; entre los segundos se cuenta el Darío de su primer viaje a España en 1892. En *El Liberal* aparece en este año su "Elogio de la seguidilla".

57 Las composiciones que Rueda cita a continuación como "traducciones" al verso del fragmento de *El Liberal* las compone expresamente para esta ocasión, según indica el propio autor en el texto. Obsérvese el deseo consciente de que haya una adecuación entre fondo y forma, por lo que Rueda elige el tema, el vocabulario y el tono en virtud del metro (o al revés; en cualquier caso, buscando esa "conformidad" a la que alude). En este primer soneto, es curiosa la combinación del heptadecasílabo de ritmo cuaternario con el tema y el vocabulario, en la órbita parnasiana. Acerca de los metros utilizados en los restantes poemas, vid. páginas xxxii-xxxiii de la Introducción).

58 Vid. nota 39 al texto.

59 Vid. páginas xxviii-xxix de la Introducción.

60 Se refiere ahora a Manuel Ruiz Zorrilla (1833-1895), político progresista, ministro durante el Sexenio Revolucionario y jefe, más tarde, de la agrupación Izquierda Liberal. En la fecha de edición de *El ritmo* su opción política, de carácter democrático, había perdido vigor.

61 Expresión figurada, que equivale a "de tarde en tarde".

62 Se correspondería con el empíreo (del griego *empyrios*), la más alta de las esferas celestes, desde la que se goza de la contemplación de Dios.

[63] Indicaba Leopoldo Alas en la carta-prólogo a *Cantos de la vendimia*: "esos cantos a la vendimia y de otras faenas poéticas del campo ¿quién los cantó hasta ahora mejor que los clásicos? ¿De dónde si no del clasicismo, aunque sin usted saberlo acaso, le viene la hoja de la tradición poética y retórica que usted aprovecha en sus imágenes y en sus cuadros?" (17). Animaba entonces Alas a Rueda a ser natural, a escribir siempre lo que sentía, a expresar lo que, en realidad, era; consejo que, desde luego, siguió.

[64] Son los cuatro primeros versos del soneto "A las musas", de Leandro Fernández de Moratín: tres de acentuación sáfica (los primero, segundo y cuarto, acentos en 4ª, 8ª y 10ª) y uno melódico (el tercero, acentos en 3ª, 6ª y 10ª).

[65] Primeros versos del "Pórtico" compuesto por Rubén Darío para *En tropel*. En este caso, son versos de gaita-gallega (acentos en 1ª, 4ª, 7ª y 10ª).

[66] Vid. nota 8.

[67] Ricardo de la Fuente Ballesteros apunta que el Teatro Español se convirtió, a fines del XIX, en el refugio del teatro clásico (*Introducción al teatro del siglo XX*, Madrid, Aceña, 1987, 14) . El Español se cerró a causa de su estado ruinoso en 1887; en 1893 lo compró Ricardo Guerrero, padre de la famosa actriz María Guerrero, que realizó en él grandes reformas. No se volvería a abrir al público hasta 1895, cuando se inaugura su época de esplendor de la mano de la pareja Guerrero-Díaz de Mendoza.

[68] Vid. página xx de la Introducción.

ÍNDICE

INTRODUCCIÓN v

   1. *El ritmo* en el contexto de la renovación poética de Salvador Rueda vi

   2. *El ritmo* y su relación con la teoría poética española del último tercio del siglo XIX xiv

   3. Análisis de *El ritmo* xxi

   La edición xxxv

NOTAS xxxvii

BIBLIOGRAFÍA CITADA xlv

EL RITMO 1

   Una carta de Yxart 3

   1. A modo de índice 4

   2. El ritmo en su origen 6

   3. De por qué hace falta la revolución rítmica en la poesía castellana 10

   4. "Endecasilabistas" y versificadores 15

   5. Los troqueles retóricos 21

   6. Parálisis del idioma 26

   7. Las palabras afónicas. Todo cuanto se escribe y habla es ritmo 29

   8. Cuanto se habla y se escribe es ritmo 34

   9. El acento 39

   10. La poesía como resumen de las Bellas Artes 44

NOTAS 47